기획된

내란

**80년 종북세력의
체제전복 시나리오와 대역전의
마스터플랜**

그간 불안감과 무력감에
빠져 있던 당신이 대한민국을 구하는
위대한 대역전극의 주인공으로
다시 태어나기를 소망한다.

저자 이희천의 체제 수호 주요 저서 및 실전 소책자 안내

■ **체제 수호 핵심 저서** : 『반대세의 비밀, 그 일그러진 초상』(2009), 『주민자치기본법, 공산화의 길목』(2021), 『반대한민국세력의 비밀이 드러나다』(2021), 『대통령 탄핵과 체제전쟁』(2025), 『체제전쟁 마스터플랜』(2025) 등 20여 권 저술.

■ **'국민깨우기운동' 연쇄배포용 소책자 (2019년~현재)** : 2019년부터 잠든 대중을 깨우기 위해 10권, 100권씩 이웃에게 전파하는 국민 각성용 실전 소책자들을 발간, 전파하는 국민깨우기운동을 지속해 왔다. 『대한민국은 체제전쟁 중』, 『마을로 간 체제전쟁』, 『국민들 모르는 사이 공산화로 가는 대한민국』, 『공산주의 왜 위험한가』, 『좌파정권의 자유민주주의체제 허물기』 등 다수를 발간했으며, 특히 『이제는 교회가 일어날 때』는 현재까지도 잠든 교회를 깨우기 위해 지속적인 배포 운동이 전개되고 있다.

기획된 **내란**

발행일	2026년 04월 15일
2쇄 발행일	2026년 04월 20일
3쇄 발행일	2026년 05월 07일
지은이	이희천
발행인	이희천
펴낸곳	도서출판 대추나무
디자인	오종국 (Design CREO)
주소	인천광역시 남동구 문화서로 3번길 14-7, 101호
전화	010-8799-1500, 032-421-5128
팩스	032-422-5128
등록번호	제213-99-00699호

정가 17,000원
ISBN 979-11-978023-8-6 03300

기획된

내란

80년 종북세력의
체제전복 시나리오와 대역전의
마스터플랜

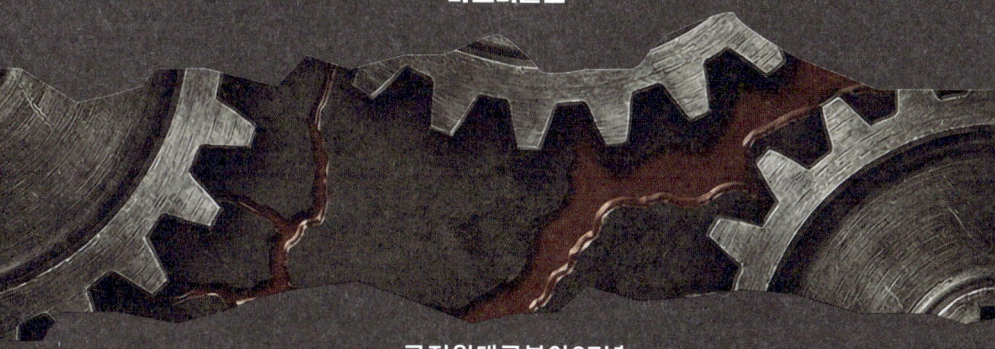

국정원대공분야27년
이희천 저

도서
출판 대추나무

다가오는 공산화의 쓰나미 앞에서

"도대체 지금 대한민국에 무슨 일이 벌어지고 있는 것인가?"

최근 헌정 사상 초유의 비상계엄 선포와 대통령 탄핵 정국, 그리고 거대 정당의 무자비한 입법 독주를 지켜보며 수많은 국민이 불안해하며 이렇게 묻고 있다. **"지금 우리나라에 무슨 일이 일어나고 있는 건가?"** 어제까지만 해도 세계 10대 경제 강국이자 평화로운 자유민주주의 국가인 줄 알았는데, 한 번도 겪지 못한 일들이 일어나고, 기존 국가시스템이 완전히 교체되는 듯한 느낌을 지울 수 없기 때문이다. 저자는 이 책을 통해 그 질문에 대한 명확한 해답을 드리고자 한다.

결론부터 말씀드리면, 지금 우리가 겪고 있는 혼란은 여야 간 권력 다툼이나 단순한 정치 갈등이 아니다. 이것은 1948년 건국된 대한민국의 자유민주주의체제를 지키려는 세력과, 이를 허물고 변종 공산 전체주의체제로 바꾸려는 종북 좌익세력 간의 피 튀기는 체제전쟁(Systemic War)이 치열하게 전개되고 있는 중이다.

저자는 국가정보원 대공 분야에서 27년간 근무하고 국정원 직원들에게 국가정체성 분야를 가르치며 주사파의 실체와 대남공작의 흐름을 냉철히 지켜보았다. 그들은 화염병을 내려놓은 뒤 진보, 민주, 평화, 인권이라는 양의 탈을 쓰고 우리 사회의 모세혈관(언론, 교육, 노동, 사법, 마을)으로 조용히 스며들었다. 그리고 마침내 입법부라는 국가의 심장을 장악하여, 합법을 가장해 국가 기능을 마비시키고 체제를 뒤집으려는 기획된 내란을 실행에 옮기고 있다.

특히 비상계엄 선포 이후, 더불어민주당과 이재명 세력은 윤석열 대통령을 '내란수괴'로, 국민의힘을 '내란정당'으로, 자유민주주의체제를 지키려는 대한민국세력을 향해서도 마치 내란을 비호하는 세력으로 모는 정치공세를 가하고 있다. 이재명 정권은 윤석열 대통령을 숙청한 데 이어 온갖 악법과 정책을 통해 자유민주주의체제를 허물고 있다. 그들이 지향하는 다음 목표는 헌법 개정이다. 헌법을 바꾸고 나면 본격적인 체제 개편 작업과 우익 저항세력에 대한 숙청 작업에 돌입할 것이다.

이렇듯 위험한 체제변혁 프로세스를 알고 있는 저자로서는 피가 마르는 고통을 느끼고 있다. "어떻게 할 것인가?" 국민에게 이 사실을 알리고, 이 위기를 돌파할 방법을 제시하기 위해 이 책을 쓰게 되었다.

이 책은 반체제세력이 덧씌운 내란프레임의 논리적 허점을 파헤치고, 오히려 그들이 지난 80년간 정부전복과 체제전복을 기도해 온 '진짜 내란세력'임을 사상적, 역사적 통찰을 통해 명확히 밝혀냈다. 그들이 추구하는 공산주의, 주체사상 자체가 혁명사상이며, 실제로 정부전복, 체제전복을 기도해온 역사를 통해 명백히 증명해 냈다. 그리고 그들을 허물 수 있는 실전적 무기(역 프레임)도 명확히 제시하였다.

그리고 저자는 체제 위기 상황에서 불안감과 패배주의, 무력감에 빠진 대한민국세력에게 헌정질서 수호의 당위성과 승리에 대한 확신을 주고자 한다. 이 책은 단순한 정치 평론서가 아니다. 병든 대한민국을 살려내기 위한 수술용 진단서이자, 흩어진 우익+중도 국민들을 일사불란한 전투 병력으로 묶어낼 단일 교범(나침반)이다. 자유민주주의체제를 사랑하는 국민

모두가 이 책을 읽고, 일치단결하여 내란전쟁에서 승리하는 기적을 체험하기를 바란다.

아무리 짙은 어둠도 작은 불빛 하나를 이기지 못하듯, 국민 한 사람 한 사람이 이 책을 읽고 깨달은 진실을 이웃에게 전파하는 작은 운동이 국민대각성운동으로 진화될 때 이 끔찍한 내란의 음모는 산산조각 날 것이다. 이 책을 덮는 순간, 그간 불안감과 무력감에 빠져 있던 당신이 대한민국을 구하는 위대한 대역전극의 주인공(전사)으로 다시 태어나기를 소망한다.

2026년 4월 5일

저자 **이희천**

대한민국을 구출할 최후의 마스터플랜, "이것은 책이 아닌 무기다!"

**"기억하라. 이 책은 조용히 의자에 앉아 읽고 끝내는 단순한 활자가 아니다.
무너지는 대한민국을 구출할 최후의 무기다!"**

지금 창밖을 보라. 광장을 뒤덮은 횃불, 헌정질서를 마비시키는 입법 폭주, 그리고 합법을 가장해 국가 원수를 끌어내리는 광기 어린 탄핵 정국까지. **지금 이 나라에서 도대체 무슨 일이 벌어지고 있는가?**

결론부터 말하겠다. 지금 우리가 목도하고 있는 이 심각한 혼란은 여·야의 단순한 정치 권력 다툼이나 우발적인 사고가 아니다. **이것은 1948년 건국된 대한민국의 '자유민주주의체제'를 긍정하고 지키려는 대한민국세력과, 이를 허물고 공산 전체주의체제로 변혁하려는 반(反)대한민국세력(종북좌익) 간에 벌어지는 피 튀기는 체제전쟁(Systemic War)이자 내전이다.**

■ 양의 탈을 쓴 늑대, 그리고 우리의 방심

대한민국을 무너뜨리려는 반체제세력이 지난 수십 년간 민주, 진보, 평화, 인권이라는 화려한 '양의 탈'을 쓰고 우리를 속여왔다. 그들은 1980년대 대학가를 장악한 이후, 교육(전교조), 노동(민노총), 사법(민변), 언론, 그리고 우리의 일상인 마을 단위까지 대한민국 사회의 모든 모세혈관을 소리 없이 장악해왔다.

반면 우리는 어떠했는가? 그들이 체제변혁이라는 명확한 사상적 목표를 향해 치밀하게 진격할 때, 우리는 그들의 실체를 모른 채 먹고사는 문제만 외치며 방관했다. 그들 내부의 적의 유일한 급소인 사상(밑둥치)을 타격할 생각은 하지 못하고, 지엽적인 정책이나 부패 문제(나뭇잎)만 비판하며 헛심을 썼다. 사상전의 기본조차 몰랐던 우리의 무지와 비겁함으로 인해, 그들에게 입법부라는 대한민국의 심장부까지 장악하는 것을 허용한 것이다.

■ 끊임없이 계속되는 내란공세, 어떻게 할 것인가?

지금 거대 야당을 장악한 종북 좌익세력은 윤석열 대통령을 '내란·외환죄'로 엮어 반헌법 세력으로 처단하려 하고 있다.

그러나 비상계엄은 탄핵의 원인이 아니라 그들이 덮어씌운 핑계이자 명분일 뿐이다. 그들의 진짜 과녁은 대통령 한 사람이 아니라, 이른바 보수세력을 일망타진하고 헌법을 뜯어고쳐 자유민주주의체제를 영원히 종식하는 데 있다.

그러므로 윤석열 한 사람을 희생양으로 던져주면 괜찮지 않을까, 내란프레임 공세가 멈출 것이라 착각하는가? 결단코 그런 일은 없다. 비겁한 도피와 변명으로는 그들의 실체를 밝힐 수 없다. **이제 더 이상 물러설 곳은 없다.** 지금 대한민국을 구할 마지막 기회다. 그러나 절망할 필요도 없다. 벼랑 끝의 위기는 대반격을 위한 가장 강력한 에너지다.

이 책 『기획된 내란』은 조용히 의자에 앉아 읽는 교양서가 아니다. 무너져가는 대한민국을 살려낼 전사들을 양성하는 실전교범이자, 우익진영 전체가 하나의 정규군처럼 공유해야 할 공통의 내비게이션이다. 이제 좌익들이 파놓은 보수 대 진보라는 필패의 덫에서 빠져나와, 대한민국세력(대세) 대 반대한민국세력(반대세)이라는 승리의 '새로운 전선'을 만들어 싸우자.

이 책을 덮는 순간, 당신은 더 이상 방관자가 아니다. 진실의 무기를 손에 쥔 대한민국 체제 수호의 최전선 전사다. 이 책을 들고 이웃을 향해, 마을을 향해, 광장을 향해 진격하라. 우리의 위대한 대역전극은 바로 당신이 이 책의 다음 장을 넘기는 지금 이 순간부터 시작된다!

대한민국 체제전복 4단계 마스터플랜

우연은 없다. 지금 우리가 겪고 있는 국가 마비 사태는 결코 하룻밤 새 일어난 여·야 간 정치 갈등이 아니다. 이것은 북한의 지령 아래 남한 내 종북 좌익세력이 지난 80여 년간 중단 없이 치밀하게 실행해 온 기획된 **내란의 설계도**(Blueprint)**이다.**

우리는 지금, 이 섬뜩한 마스터플랜의 마지막 4단계 벼랑 끝에 서 있다. 이 책의 서술은 지금 제시한 제4단계 체제전복 과정에 따라 기술하고 있다.

1단계 숙주를 찾아 둥지를 장악하라 (1990년대~2010년대)

▶ **목표:** 은밀히 숨어들어 우리나라 하부 모세혈관(진지)을 구축하고, 합법 정당의 둥지를 빼앗는다.

▶ **실행 (진지전):** 1990년대, 화염병(거리 투쟁)을 내려놓은 주사파는 교육(전교조), 노동(민노총), 법조(민변), 언론 등 사회 각 분야로 스며들어 이른바 '혁명의 진지'를 구축했다.

▶ **실행 (뻐꾸기 전법):** 2001년 북한의 지령에 따른 "군자산의 약속" 이후, 소수 정당인 민주노동당에 위장 전입해 당권을 장악했다. 이후 2010년 성남시장 선거연대를 통해 이재명이라는 정치적 숙주를 확보하며, 제1야당(민주당) 내부로 파고들어 강력한 정치적 진지를 장악했다. 합법정당이라는 거대한 트로이목마가 완성된 순간이었다.

2단계 거짓으로 광장의 분노를 조장하라 (2002년~2008년)

▶ **목표:** 국민의 반공 의식을 허물고, 거짓선동으로 대중들을 선동하여 국민들의 의식을 바꾸고 정부전복을 하기 위한 내란의 리허설(촛불혁명)을 거친다.

▶ **실행 (반미세뇌):** 2002년 월드컵으로 국민의 경계심이 허물어진 틈을 타, 효순·미선 교통사고를 악의적으로 왜곡해 청소년과 대중에게 반미·친북 사상을 주입했다.

실행 (정부마비 테스트): 2008년, 출범 2개월 된 이명박 정부를 와해시키기 위해 MBC-PD수첩의 조작 방송을 기폭제로 광우병 촛불사태를 일으켰다. 종북 좌익세력이 3개월간 광장시위를 이끌면서 거짓선동으로 대중들을 촛불혁명 의식으로 바꾸고 폭력적 광장투쟁으로 합법정부를 무너뜨릴 수 있는 전략을 종합 점검한 내란의 예행연습이었다.

3단계 합법의 가면을 쓰고 국가의 기둥을 교체하라 (2016년~2024년)

▶ **목표:** 청와대, 국회, 헌법재판소 등 헌법기관을 물리적으로 겁박해 박근혜 대통령을 끌어내리고 정권을 장악한다. 그리고 입법부, 행정부, 사법부 내로 우익인사들을 몰아내고 좌익인사들로 교체하고, 이를 기반으로 헌법과 각종 법령, 정책을 통해 다시 돌아올 수 없도록 체제변혁을 이룬다.

▶ **실행** (성공한 내란): 2016년 북한의 지령과 민노총, 좌익정당 등 연합세력의 사전 기획에 따라, 광화문에 광란의 거대한 촛불시위를 일으켰다. 이는 '직접민주주의', '광장민주주의'를 내세운 인민민주주의, 폭민(暴民) 정치였다. 이로써 청와대, 국회와 헌법재판소를 겁박하여 박근혜 대통령을 탄핵(정부전복)하는 데 성공했다.

▶ **실행** (방어망 해체): 이렇게 하여 탄생한 문재인 정권은 적폐청산의 광풍으로 정부 내 체제 수호세력을 철저히 몰아냈다.

2018년 초 헌법 교체를 통해 체제를 일거에 교체하려다 실패하자, 5년 동안 수많은 법령 교체와 정책 전환을 통해 대한민국 시스템 곳곳을 파괴하고 새로운 체제를 수용할 수 있도록 기반을 조성했다. 또한 굴종적 대북정책과 국정원의 대공수사권 박탈 등을 통해 대한민국 안보 방어장치를 완전히 무장 해제시켰다. 총칼 대신 합법적인 법안, 정책이라는 수단으로서 엄청난 체제변혁을 달성한, 완벽한 무혈 내란의 실행이었다.

4단계 내란 프레임으로 전복 혁명을 완성하라 (2024년~현재)

▶ **목표:** 종북 좌익세력은 국회를 완벽히 장악, 이를 진지로 윤석열 정부를 공격해 정권을 장악하고 개헌 후 체제교체작업을 완료하여 최종적으로 북한과 연방제 통일(적화통일)을 달성한다.

▶ **실행** (시스템 마비): 2024년 총선 후 190여 석을 장악한 후 입법권력을 무기로 대통령과 정부의 권한을 마비시키고 사법부를 마비시키는 등 정부전복을 기도한다.

▶ **실행** (적반하장의 반란): 벼랑 끝에 몰린 대통령은 정부전복을 막기 위해 비상대권(비상계엄)을 행사하나, 내란, 친위쿠데

타 프레임으로 몰아 숙청하고 정권을 장악한다. 정권 장악 후 입법권력을 통해 법령을 바꾸고 행정 권력을 통해 각종 정책과 제도를 개편하여 체제변혁을 가속화한다. 더욱이 지속적인 내란프레임을 수단으로 우익 정치세력을 분열시켜 200석을 확보하고, 헌법을 바꾸어 체제변혁의 근거를 확보한다. 그런 후 신헌법에 따라 각종 법령, 정책 개조 및 저항세력 숙청 등을 통해 대대적인 체제교체 작업을 가속적으로 추진한다. 그런 후 최종적으로 북한과의 연방제통일 등 꿈꾸던 통일국가 만들기를 완료한다.

따라서, 지금 우리는 한 걸음만 더 밀리면 국가가 통째로 다시 돌아올 수 없는 곳으로 가는 최후의 벼랑 끝에 서 있다!

"이들 반체제세력의 체제변혁을 위한 설계도(프로세스)는 이미 완성되었고, 실행은 막바지에 다다랐다. 이제 이 무서운 진실의 장막을 찢고 그들의 실체를 똑똑히 마주할 시간이다."

목 차 │ Contents

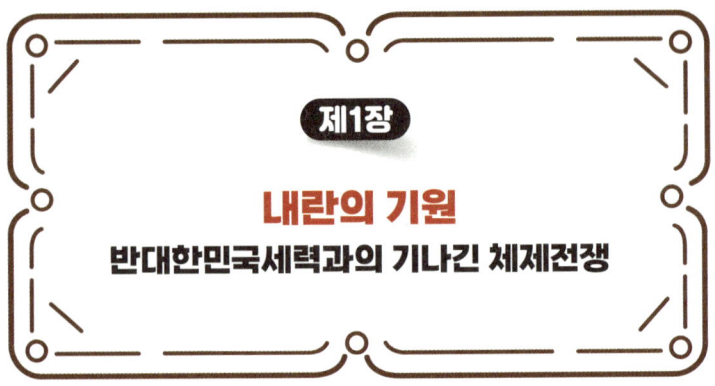

제1장

내란의 기원
반대한민국세력과의 기나긴 체제전쟁

■ 30년 전 양동안 교수가 예견한 코스대로 가는 대한민국

한국 최고의 우익 정치사상 권위자인 양동안 교수는 일반 국민들에게는 다소 생소할 수 있지만, 아무도 대한민국의 위기를 말하지 않을 때 오늘날의 기획된 내란을 정확히 꿰뚫어 본 선각자다. 1988년, 주사파 학생들이 민주화의 기수로 포장되어 대학가를 휩쓸던 무렵, 그는 「우익은 죽었는가?」라는 글을 통해 피를 토하듯 경고했다.

그는 "현재의 상황이 계속된다면 한 세대(30년) 후 반드시 좌익이 나라를 지배하는 사태가 오고야 말 것"이라는 섬뜩한 예언과 함께, 수적으로 우세하면서도 침묵하는 우익진영을 매

섭게 질타했다. "모래가 1톤이면 뭐하겠는가? 1kg의 단단한 돌멩이를 당할 수 없다"며 스스로 뭉쳐 싸우지 않고 여차하면 도망갈 궁리만 하는 피난민 의식을 꾸짖은 것이다.

특히 그는 이 무기력한 우익을 향해 1970년대 캄보디아 킬링필드의 끔찍한 비극을 소환했다. 당시 캄보디아 공산 정권은 안경을 썼다거나 손에 굳은살이 없다는 어처구니없는 이유만으로 국민 800만 명 중 200만 명에 달하는 지식인과 우익 인사들을 무참히 학살했다. 양 교수는 "이 나라의 우익이 제때 하나로 뭉쳐 싸우지 않고 우물쭈물한다면, 끝내 온갖 수모를 당하다가 눈물도 제대로 흘려보지 못한 채 백골이 되고 만 캄보디아 우익세력의 허망한 꼴을 피할 수 없을 것"이라고 강력히 경고했다. 안타깝게도 이 경고를 외면한 대가로, 약 30년 뒤 그의 예언대로 좌익정권이 등장해 국가시스템을 파괴하고 있는 것이다.

이 섬뜩한 그의 예언은 결코 과거의 메아리나 남의 나라 이야기가 아니다. 무기력하게 방관하다 처참한 백골로 변한 캄보디아 우익의 비극은, 190석의 입법 독재 앞에서 분열하고 남의 집 불구경하듯 관망하고 있는 지금의 대한민국 우익들이 마주할 자화상일 것이다.

양동안 교수 경종, "우익은 죽었는가?"

양동안
한국학중앙연구원
명예교수

1988년 '현대공론',
"우익은 죽었는가"

"(주사파 등이 득세하는) 현재의 상황이 계속된다면 **좌익이 나라를 지배하는 시기는 반드시 온다.** 그것이 10년 후가 될지, **한 세대 後가** 될 것인지는 알 수 없으나 **반드시** 그런 사태가 오고야 말 것이다"

■ 양동안 교수, 2017년 내전 진단, "이 전쟁은 언제 끝날 것인가?"

양 교수의 통찰은 2016년 말 박근혜 대통령 탄핵사태 때 다시 한번 빛을 발했다. 그는 2017년 4월 출간한 『벼랑 끝에 선 한국의 자유민주주의』에서 당시 사태를 단순한 정치갈등이 아닌, 체제를 붕괴시키려는 자들과 지키려는 자들 간의 느슨한 형태의 내전으로 규정했다.

더욱 놀라운 것은 그가 예측한 내전의 수순이다. 그는 장차 대선(5.9) 이후 "적폐청산 혹은 새로운 나라 만들기를 위한 입법 투쟁(헌법 및 법률 개정)이라는 세 번째 전투가 기다리고 있다"고 짚어냈다. 그 예언 그대로, 문재인 정권은 5년간 4,025

건의 법률을 뜯어고쳤고, 오늘날 이재명 정권은 190석의 의석을 흉기 삼아 체제를 해체하는 입법 내란의 최종 단계로 돌진하고 있다.

그렇다면 이 끔찍한 사상적 내전은 언제, 어떻게 끝이 나는가? 양 교수는 그 해답을 명확히 제시했다. "다수의 국민이 민주세력, 진보세력으로 왜곡되게 호칭하는 세력의 상당수가 사실은 자유민주주의체제를 전복하려는 반체제 분자들이라는 사실을 정확히 인지하여, 그들을 단호히 배격할 때까지 이 내전은 지속될 것"이라고 단언했다.

양동안 교수, 내전 중이다. 내전은 계속될 것이다

"벼랑 끝에 선 한국의 자유민주주의"

"대한민국에서는 지금 느슨한 형태의 내전이 진행 중이다. 이 내전은 대한민국의 반공적 자유민주주의체제를 와해시키려는 세력과 반공적 자유민주주의체제를 수호하려는 세력간에 전개되고 있다. ...
박근혜 대통령의 파면과 구속으로 내전이 종료된 것은 결코 아니다. 내전은 계속되고 있다.
내전의 두번째 전투인 대통령선거가 진행 중이고, 대선 후에는 '적폐청산' 혹은 '완전히 새로운 나라 만들기'위한 입법투쟁(헌법 및 법률 개정 및 제정을 둘러싼 투쟁)이라는 세번째 전투, 그리고 대북한 정책을 둘러싼 네번째 전투가 기다리고 있다.

그 후에도 사상적 대립에서 비롯된 내전은 지속될 것이다.
다수의 국민이 '민주세력' '진보세력'으로 왜곡되게 호칭하는 세력의 상당수가 자유민주주의체제를 전복하려는 반체제분자들이라는 사실을 정확히 인지하여 그들을 단호히 배격할 때까지."

벼랑끝에 선
한국의
자유민주주의

양 교수가 제시한 이 말은 단순한 경고가 아니다. 현재의 체제 위기 상황을 극복하는 방법은 오로지 국민각성 뿐이라고 못을 박았다. 국민 다수가 종북 반체제세력의 실체를 정확히 알고 그들을 배척할 때 비로소 체제 위기가 사라진다는 뜻이다. 반대로 말하면, 국민 다수가 그들의 나쁜 실체를 모른 채 계속 선동당한다면 우리가 직면한 이 끔찍한 체제 위기는 영원히 계속된다는 의미다. 국가의 지도자를 선출하는 국민들이 저들의 실체를 모른다면 그 어떤 처방도 백약이 무효라는 말이다. '그 누구도 이 싸움을 대신해 줄 수 없다'는 가장 무서운 경고다.

제2절 건국 전후, 좌익의 폭동과 건국전쟁

1. 해방전후 좌익의 공산화를 위한 기획된 폭동과 반란

1945년 8월 15일, 해방의 기쁨은 잠시뿐이었다. 한반도에 자유민주주의 국가를 세울 것인가, 아니면 공산주의 국가를 세울 것인가를 두고 치열한 건국전쟁과 피비린내 나는 100년 체제전쟁의 서막이 올랐기 때문이다. 우리 민족에게 공산주의가 처음 전파된 것은 1917년 러시아 혁명 직후인 1918년

(이동휘의 한인사회당)으로 거슬러 올라간다. 이후 1920년대 중반부터 파고든 공산주의의 독버섯은 해방 이후 3년간 전면적인 건국전쟁, 체제전쟁의 주인공으로 등장했다. 남한 내 좌익세력은 폭동과 테러, 반란과 학살을 동원해 대한민국의 탄생 자체를 가로막으려 했던 명백한 건국방해세력이자 기획된 내란세력이었다.

이들의 첫 번째 목표는 권력 공백기를 노린 선제공격이었다. 조선총독부는 일본이 항복(8.15)하고 미군이 진주(9.8)하기 전까지의 25일간 통치권을 행사하지 않았다. 이 통치권 공백기에, 좌익들은 발 빠르게 움직였다. 조선공산당을 재건한 박헌영 등 좌익세력은 기습적으로 조선인민공화국(인공) 수립을 선포해버린 것이다. 미군정으로부터 합법정부로 인정받으려는 치밀한 꼼수였다. 이들은 읍·면·동 단위까지 인민위원회라는 하부 조직을 촘촘히 깔아 치안을 장악하고 대중을 공산주의로 세뇌해 나갔다.

■ 박헌영 조선공산당, 공산화를 위한 반란과 내란

미군정이 이들의 불법 행정권을 회수하고 압박해 오자, 좌익은 마침내 발톱을 드러냈다. 1946년 5월, 조선공산당은 당

자금을 마련하겠다며 무려 1,200만 원의 위조지폐를 찍어내어 남한 경제를 대혼란에 빠뜨린 정판사 위조지폐사건을 일으켰다. 이를 계기로 미군정이 좌익의 위험성을 깨닫고 수사망을 좁혀오자, 궁지에 몰린 조선공산당 당수 박헌영은 마침내 파업과 테러, 폭동을 지령하는 신전술을 선포하고 북한으로 몰래 도주했다. (이후 박헌영은 북한에 머물며 남한의 남로당을 지휘·통솔했다.)

지령을 받은 남한의 좌익세력은 미군정을 향한 전면적인 폭력투쟁 노선으로 나아갔다. 1946년 9월, 철도 등 모든 산업을 한 달간 마비시킨 9월총파업에 이어, 10월 1일에는 대구에서 참혹한 좌익폭동(대구 10·1폭동사건)이 터졌다. 붉은 광기에 사로잡힌 폭도들은 대구경찰서의 무기고를 털어 대구 시내로 나와 난동을 부렸고, 경찰관과 우익 인사들을 총살하거나 불태워 죽이는 천인공노할 학살을 자행했다. 이 대구에서 일어난 공산 폭동은 영천, 구미, 성주 등 경북 일대를 거치며 수많은 경찰의 눈알을 빼거나 산 채로 생매장하는 등 잔혹한 살육전으로 이어졌고, 그 광기는 전국 56개 군으로 퍼져나갔다. 진압을 피해 험준한 산으로 도주한 폭동의 잔당들은 훗날 대한민국을 향해 총구를 겨눈 빨치산의 원조가 되었다.

좌익의 반란과 내란은 1948년 5·10 단독선거를 앞두고 절정에 달했다. 이들은 어떻게든 남한의 자유민주주의 건국을 무산시키기 위해 2·7폭동으로 전국 통신망과 교량을 폭파했고, 4월 3일에는 제주도에서 무장대가 경찰지서를 습격해 선거 공무원들을 학살하고 투표소를 불태웠다(제주 4·3사건). 이들의 포고문에는 명백히 "조선민주주의 인민공화국이 수립될 때까지 투쟁한다"고 적혀 있었다.

■ 국군 제14연대, 태극기 버리고 인공기 휘날리며(여순반란사건)

숱한 방해를 뚫고 1948년 8월 15일 마침내 대한민국이 건국되었다. 그러나 불과 두 달 만에 가장 끔찍한 반란사건이 일어났다. 국가를 수호하라고 만든 국방경비대 제14연대(여수 주둔) 소속 좌익군인들이 제주 4·3사건 출동명령을 거부하고 반란을 일으킨 것이다(여순반란사건). 이들은 무기고를 탈취하여 새벽 여수 시내로 진군, 경찰서 등 관공서를 점령하고 인공기를 걸며 북한군 행세를 하였다.

반란군은 인근 좌익세력과 합동으로 인민위원회를 재건하고 끔찍한 인민재판을 열어 많은 우익인사를 집단학살했다. 불과 4~8일간의 반란군 통치기간에 여수에서 1,200여 명, 순천에서 1,134명이라는 무고한 민간인과 경찰 가족이 잔혹하게 희생당했다. 진압을 피해 산으로 도주한 잔당 1,000여 명은 지리산 등으로 들어가 장기항전에 돌입했는데, 이것이 훗날 국군의 등 뒤를 찌른 빨치산의 주력이 되었다.(소설 「태백산맥」 주인공들)

이 참극의 실상을 보고받은 이승만 대통령은 경악했다. 그는 즉각 미 군사고문단장을 불러 "당신들이 좌·우익을 가리지 않고 아무나 군대에 받아들여 이 지경이 되었다!"고 벼락같이 질타했다. 국회는 신속히 국가보안법을 제정(12.1)했고, 정부는 1949년부터 군 내부에 파고든 좌익 군인을 색출하는 뼈를 깎는 숙군(肅軍)작업에 돌입했다.

수술대에 오른 군의 현실은 등골이 서늘할 정도였다. 일부 사형(4명), 구속도 있었지만, 대부분은 불명예 제대하는 방식으로 퇴출했고, 수사과정에서 탈영한 군인 수까지 합하면 군에서 퇴출된 자는 무려 10,317명에 달했다. 당시 육군 총병력이 10만 명 미만이었음을 감안하면, 대한민국 군대의 무려 10%가 국가의 심장에 칼을 꽂으려 대기하던 붉은 암세포였다는 것이다. 숙군작업을 주도했던 백선엽 장군 역시 "당시 군내 좌익세력을 제거했기 때문에 6·25전쟁 때 국군의 집단

투항 사례가 없었다"고 증언했다.

만약 숙군작업이 없는 상태에서 북한의 기습 남침이 일어났더라면, 우리 군부대 속에 숨어 있던 좌익들이 속속 내부 반란을 일으키거나 집단 투항함으로써 나라는 그 즉시 무너졌을 것이다. 그러므로 여순반란사건은 역설적으로 우리 '내부의 적'을 제거하는 숙군작업, 남로당 숙청, 빨치산 토벌 등을 통해 6·25전쟁을 대비할 수 있는 기회를 제공한 강력한 면역주사와도 같은 사건이었다.

2. 80년 전 내란세력, 190석 입법 독재로 부활하다

건국 전후 벌어진 폭동과 반란은 단순히 분단을 막기 위한 민족운동이 아니었다. 제주 4·3 무장대가 포고문에 "조선민주주의 인민공화국 수립"을 명시하고, 여순 반란군이 "남북통일을 위해 인민군으로 행동하자"며 총구를 돌렸듯, **이 모든 사태는 김일성이 지배하는 북한식 공산국가를 세우기 위해 '기획된 내란'이었다.** 이 끔찍한 체제전쟁의 한복판에서 대한민국의 건국을 지켜내기 위해 수많은 우익인사와 애국 경찰들이 처참하게 피를 흘려야만 했다.

가장 소름 돋는 진실은 건국 전후 폭동을 일으켰던 이 내란세력의 사상적 지향성이 현재 종북 좌익세력과 정확히 일치한다는 점이다. 과거에는 총을 들고 산으로 도망쳤던 좌익들의 사상 유전인자가 사라지지 않고 이어져, 지금은 190석이라는 압도적 입법 권력을 쥔 채 합법을 빙자하여 국가 기능을 마비시키고 체제를 해체하는 입법 독재를 휘두르고 있다.

제3절 6·25전쟁, 북한군과 남한 좌익의 합작내란

1. 남한 좌익이 없었다면 6·25는 일어나지 않았다

우리는 흔히 6·25전쟁을 김일성이 탱크를 앞세워 불법남침한 전쟁이거나, 미·소 강대국의 대리전으로만 이해한다. 그러나 이는 전쟁의 가장 무서운 주체 하나를 완전히 빼놓고 보는 반쪽짜리 진실에 불과하다. 6·25전쟁의 이면에는 김일성으로 하여금 남침을 결심하도록 유도하고, 전쟁 발발의 결정적 명분과 동력을 제공한 핵심 주체가 숨어 있다. 바로 남한 내 좌익세력이다. 단언컨대, 남한 좌익이 없었다면 이 끔찍한 전쟁은 애초에 일어나지도 않았다.

그 명확한 증거는 1949년 3월, 김일성과 남로당 당수 박헌영이 소련 공산당서기장 스탈린을 찾아가 남침을 허락해 달라고 애원했던 역사적 장면에 고스란히 남아 있다. 당시 김일성과 박헌영이 내세운 가장 강력한 무기는 북한의 군사력이 아니라 남한 내 좌익세력이었다. 박헌영은 김일성과 스탈린에게 "인민군이 서울만 점령하게 되면 지하에 잠적한 20만 남로당원이 일제히 들고일어날 것"이라며, 남침만 하면 남한 내부의 동조반란을 통해 손쉽게 승리할 수 있다고 호언장담했다. 스탈린 사후 공산당 서기장을 지낸 흐루쇼프의 회고록에도 "김일성이 남한에 한두 번 자극을 주기만 하면 내란이 일어나서 인민의 힘으로 승리할 수 있다고 주장했다"는 기록이 남아 있다.

박헌영은 전쟁 발발 불과 1달 전, 전군 주요지휘관들이 모인 자리에서도 힘주어 말했다. "인민군이 서울만 점령하게 되면 지하에 잠적한 20만 남로당원이 들고 일어나고 인민들이 봉기하여 남한의 잔여 지역을 해방시킬 것이다. 그 이후 인민군의 진격은 해방된 지역을 향한 승리의 행진이 될 것이다.(1950.5.17.)" 남한에 있는 남로당과 좌익들을 믿고 걱정 말고 밀고 내려가라는 것이었다.

이렇게 볼 때, 6·25남침전쟁은 북한군이 밖에서 밀고 내려오면 남한 좌익이 안에서 문을 여는 방식으로 짜여진 각본에 따른 합작내란이었다. 북한군이 서울을 점령한 후 한강을 넘지 않고 3일간 지체했던 진짜 이유도, 박헌영의 약속대로 남한 좌익세력이 전국적인 동조 폭동을 일으켜 주기를 기다렸기 때문이었다.

훗날 1963년 2월, 김일성은 인민군 창설 15주년 연설에서 이 참담한 오판을 뼈저리게 실토했다. "박헌영은 남조선에 당원이 20만 명이나 된다고 떠벌렸는데, 우리가 낙동강까지 나갔으나 남조선에서는 폭동 하나 일어나지 않았습니다. 만약 부산에서 노동자들이 몇천 명 일어나 시위만 하였더라도 문제는 달라졌을 것입니다." 김일성의 이 뼈아픈 탄식은 우리에게 6·25전쟁이 북한 단독의 남침이 아니라, 남북 좌익세력이 대한민국 체제를 엎으려 했던 기획된 합작내란이었음을 증언하는 것이다.

2. 북한군 점령 3개월, 남한 좌익은 무슨 일 했나?

전국적인 봉기는 1949년 이승만 정부가 단행한 숙군작업과 남로당 조직망 체포, 빨치산 토벌로 불발되었지만, **북한군이 남한을 점령했던 3개월 동안 남한 좌익들이 보여준 행태는 이들이 단순한 부역자가 아님을 증명한다. 이들은 생존을 위**

해 어쩔 수 없이 북한군을 도운 것이 아니라, 북한의 통치체제를 남한 마을 곳곳에 이식하기 위해 자발적이고 주도적으로 행동한 기획된 내란세력이었다.

1950년 6월 28일 서울이 함락되자마자 서대문형무소와 마포형무소의 문이 열렸고, 1만여 명의 좌익 사범들과 전향했다던 보도연맹원들이 쏟아져 나왔다. 이들은 즉각 붉은 인공기를 흔들며 북한군 환영대회를 열었고, 김일성의 지령에 따라 마을마다 북한의 통치 기구인 인민위원회와 사법 기구인 인민재판소를 장악했다.

북한군은 동네 사정을 잘 몰랐기에, 동네 좌익(바닥 빨갱이)에게 주요 권한을 맡겼다. 동네 좌익들은 우익인사와 경찰가족, 지주와 기독교인 등 이른바 반동분자 살생부 명단 작성은 물론 이들을 색출, 체포하고 실제 처형하는 권한까지도 행사하였다. 어제까지 형님 아우 하던 이웃이 붉은 완장을 차더니 악마로 돌변한 것이다. 이들은 동네 공터에 이웃을 무릎 꿇려 놓고 총알이 아깝다며 죽창과 몽둥이로 때려죽이거나, 산 채로 구덩이에 묻는 천인공노할 인민재판을 주도했다.

나아가 이들은 대한민국의 국가발전 역량을 꺾기 위해 국가지도층과 지식인 8만~10만여 명을 체포해 북으로 납치(납북)

하는 데도 앞장섰다. 더욱 뼈아픈 것은 이들이 15만 명에 달하는 순진한 남한 청년들을 찾아내어 의용군이라는 이름으로 강제 징집한 사실이다. 이로 인해 낙동강 전선에 투입된 북한군 주력 부대의 70~80%가 남한 청년들로 채워지는 참담한 비극이 벌어졌다.

이런 반인륜적, 반국가적 만행을 기획하고 실행한 주범이 바로 마을 단위에서 북한의 점령 통치에 협조한 남한 좌익들이었다. 이들은 공포에 질린 소극적 부역자가 아니라, 대한민국 체제를 전복하고 북한 공산주의체제를 이식하는 데 누구보다 헌신했던 내란의 실행조였다.

북한군이 마을 내 좌익들을 살생부 작성과 실제 학살에 적극적으로 앞장세운 것은 단순히 동네 사정을 몰랐기 때문만은 아니었다. 동네 좌익들의 손에 직접 이웃의 피를 묻히게 하여 마을을 좌우로 철저히 분열시키고, 다시는 예전의 평화로운 일상으로 돌아가지 못하게 옭아매려는 끔찍한 장기적 목적이 숨어 있었다. 그래야만 훗날 전세가 불리해졌을 때, 이들이 마을에 남지 못하고 험준한 산으로 도망쳐 빨치산 무장 투쟁에 목숨을 걸 수밖에 없기 때문이다.

당시 북한군 앞잡이로서 완장을 차고 인민위원회, 치안대 등에서 활동하며 이웃의 가슴에 죽창을 겨누었던 마을 좌익들의 망령은 결코 역사 속으로 사라지지 않았다. 그들은 70여 년의 세월을 건너뛰어, 오늘날 주민자치회와 마을활동가라는 풀뿌리 자치의 번듯한 가면을 쓰고 내 가족의 일상과 생존권을 장악하기 위해 우리 동네 골목 골목으로 소리 없이 귀환하고 있다.

3. 북한군 후퇴 후, 남한 좌익의 광기와 6만 빨치산의 내란

인천상륙작전(9.15)과 서울 수복(9.28)으로 전세가 역전되자, 북한군 앞잡이 노릇을 했던 마을 좌익들의 악마적 광기는 극에 달했다. 북한군이 도주하기 시작하자, 10여만 명은 북으로 따라가고, 미처 따라가지 못한 마을 좌익들은 장차 국군이 돌아올 경우 자신들의 악행이 고발당할 것을 두려워하며 미치기 시작했다.

이들은 "보복을 막으려면 씨를 말려야 한다"며, 과거 자신들이 죽인 인사의 유가족이나 유엔군 환영대회에 참석한 기독교인, 반공우익 등을 샅샅이 찾아내 마을의 우물가, 개울가, 반공호, 구덩이 등으로 데려가 잔혹하게 집단 학살한 것이다. 특히 전남 영광군에서는 갓난아이들을 자루에 담아 버리는 등 전남에서만 무려 2만 1,225명이 학살당하는 참극이 벌어졌다.

끔찍한 학살극을 마친 마을 좌익들과 인민군 패잔병들은 지리산, 백운산, 태백산 등 험준한 산악지대로 피신하여 무장 유격대인 빨치산이 되었다. 놀랍고도 두려운 사실은 이 빨치산의 규모가 무려 5~6만 명에 이르렀다는 점이다. 기습남침 직후 한강 이남으로 살아서 후퇴한 국군병력 수가 2만 5천여 명에 불과했던 것을 감안하면, 이는 정규군을 압도하는 거대한 반체제 무장 군사력이었다.

이들은 단순히 산속에 숨어 지낸 것이 아니다. 1950년 11월 중공군이 개입하여 국군이 다시 후퇴하자, 사기가 충천한 빨치산들은 철도를 폭파하고 통신선을 절단하며 국군과 유엔군의 등 뒤를 찌르는 맹렬한 무력 투쟁을 전개했다. **국군 입장에서는 전방에서는 수십만의 중공군과 북한군을 상대하고(제1 전선), 후방에서는 6만여 명의 빨치산이 배후를 치는 또 다른 전투(제2 전선)를 해야 하는 끔찍한 양면전쟁을 치러야만 했다.**

이러한 역사적 사실들은 남한 좌익이 단순한 사상 동조자가 아님을 웅변한다. 이들은 전쟁을 일으키도록 유도할 때도, 3개월의 점령 치하에서도, 전세가 역전된 후에도 오직 북한 주도의 남한 공산화를 위해 목숨을 걸고 싸웠던 6·25전쟁의 명백한 주력군이자 기획된 내란세력이었다.

4. 6·25 빨치산에서 190석 입법독재로

6·25 전쟁 당시 북한군과 합세해 우익 학살에 앞장서고 6만 빨치산이 되어 배후를 찔렀던 남한 좌익들의 역사는 결코 과거형이 아니다. 우리가 이 치명적인 내부의 적을 40여 년간 망각한 사이, 그들의 붉은 사상의 씨앗은 1980년대 대학가 주사파로 부활하여 대한민국 사회 곳곳의 진지를 장악했고, 마침내 오늘날 190석의 국회를 장악한 정치 권력으로 완벽하게 진화했다.

지금 국회를 진지 삼아 정부전복을 꾀하는 저들의 실체는 우발적인 정치세력이 결코 아니다. 이들은 6·25 당시 붉은 완장을 차고 북한군을 도우며 대한민국 붕괴에 앞장섰던 자들의 유전인자를 전수받은 '기획된 내란세력'이다.

제4절 김일성의 적화공세와 박정희의 반공전략

1. 김일성의 집요한 대남공작, 끝내 이룬 정부전복

■ 4·19혁명 이후 사회혼란, "김일성 장군 만세!"

1960년 4·19혁명으로 강력한 반공노선의 이승만 정권이 무너지자, 자유의 공간을 틈타 지하에 숨어 있던 남로당 잔당과 빨치산 출신 등 좌익세력이 혁신계라는 가면을 쓰고 다시 광장으로 쏟아져 나왔다.

민주당 장면 정권이 통제력을 상실한 가운데, 좌익세력은 1961년 2월 3만 명의 군중을 모아놓고 "가자 북으로! 오라 남으로!"라는 친북 구호를 외쳤다. 급기야 서울 한복판에서 "김일성 장군 만세"를 부르는 일까지 벌어졌고, "양키 고 홈 (미군 철수)"을 외치는 반미 데모가 끊이지 않았다. 6·25전쟁의 폐허와 혼란이 채 수습되지도 못한 상태이고, 이승만 대통령도 사라진 가운데 다시 6·25전쟁 직전의 무법천지로 변하고 있었다. 많은 선각자들이 "이러다 다시 북한의 남침전쟁을 당하는 게 아니냐"며 깊은 걱정을 하고 있었다.

■ 5·16혁명의 반공 기치, "올 것이 왔다"

다시 공산화의 위기감이 고조되던 때, 6·25전쟁에 앞장섰던 일군의 장교들이 전면에 나선 것이다. 1961년 5월 16일, 박정희 장군을 위시한 군부가 위기의 국가를 구출하기 위해 군사쿠테다(이른바 5·16혁명)를 일으킨 것이다. 당시 윤보선 대통령은 5·16군사혁명 발발 보고를 받고 "올 것이 왔구나"라는 말을 내뱉었다. 5·16군사혁명은 그런 상황에서 일어났고 국민적 공감대 속에 수용이 되었다.

박정희 군사정부는 혁명 공약 제1조로 "반공을 국시의 제1의로 삼는다"고 천명하며, 반공법을 제정해 사회를 혼란에 빠트리던 좌익 용공분자 수천 명을 일망타진했다. 이 단호한 방패 덕분에 대한민국은 다시 한번 적화의 위기에서 극적으로 구출되었다.

■ 김일성의 지하당공작, 동백림과 통혁당 씨앗 뿌리기

북한 김일성은 4·19혁명으로 반공 정부가 사라지자, 대거 간첩들을 양성하여 매일 300명씩 남파하는 등 사회 혼란 조성에 총력을 기울였다. 제도권 정당 침투 공작과 각종 사회단체 배후 공작 등으로 정치·사회를 극도로 혼란에 빠트렸다. 그러나 5·16혁명 발발과 박정희 정부가 등장하면서 상황이 급변하였다.

이에 김일성은 제도권 정당 침투에서 엘리트 지식인과 학생들을 겨냥한 우회적이고 은밀한 지하당 공작으로 전술을 전면 수정했다. 그래서 나온 결과물이 해외공작이다. 동독의 수도 동베를린 북한대사관을 거점으로 하여 서독, 프랑스, 영국 등 유럽에 나와 있는 유학생, 무관, 외교관, 교민 등을 포섭해 우회 침투 공작을 한 것이다. 한국과 인접한 일본에 있는 종북 단체인 조총련을 통한 우회 공작도 활발히 했다. 국내로는 지하당인 통일혁명당을 창당해 서울대, 동국대 등 대학생들을 집중 포섭하여 남한 지식인 사회에 종북세력을 확산하는 대남공작 활동을 광범위하게 전개하였다.

▶ **동백림(동베를린) 사건 (1967):** 북한은 가난한 유럽 유학생과 교포들에게 접근해 학비 제공, 북한 가족 면담, 북한의 발전상을 보여주는 등의 미끼로 젊은 지식인들을 포섭했다. 윤이상 등은 동베를린 북한대사관을 거쳐 평양에서 간첩 교육과 공작금을 받고 귀국해 정계와 학계로 침투했다. 그러나 명지대 교수의 자수로 그 실체가 드러났다. 중앙정보부는 어렵사리 거대한 해외 간첩망을 수사해 밝혔으나, 서독과 프랑스 등 유럽 국가들이 "주권 침해"라며 차관 취소까지 거론하며 거센 외교적 압박을 가해, 결국 사형수와 무기수들까지 특별사면으로 풀어주고 말았다. 국가의 심장을 겨눈 반역의 뿌리를 제대로 뽑아내지 못한 참으로 안타까운 사건이었다.

▶ **통일혁명당(통혁당) 사건 (1968):** 4·19혁명 당시 남한 내에 지하당이 없었던 것을 땅을 치며 후회했던 김일성은 직접 지령을 내려 6·25 이후 최대의 대남 지하당인 통일혁명당을 구축

했다. 김일성이 통혁당 구축에 얼마나 심혈을 기울이고 주모자 김종태를 끔찍이 아꼈는지는 상상을 초월한다. 통혁당 당수 김종태가 체포되자 북한은 그를 구출하기 위해 서귀포 해안으로 무장 공작선까지 파견했다가 국군과 총격전을 벌였고, 김종태가 사형당하자 그에게 공화국 영웅 칭호를 내리며 평양의 전기기관차 공장에 그의 이름을 붙여 추모할 정도였다.

■ 김일성이 뿌린 씨앗, 15년 뒤 발아한 주사파 빅뱅

결국 1960년대 발생한 동백림사건과 통혁당사건은 훗날 1980년대 대학가를 장악하고, 현재 대한민국 권력의 중심에 선 현대 주사파(NL)를 태동시킨 사상적 뿌리이자 직접적인 자양분이 되었다.

▶ **현대 대남 지하당의 '조직 모델' 제공:** 통혁당은 애초부터 잡지 『청맥』 등을 통해 대학생을 좌경화시키고 수많은 동조서클을 조직했다. **무기징역 등을 선고받은 신영복 등 살아남은 조직원들은 출소 후에도 학계에 남아 사상적 유전인자(DNA)를 전수했다.** 1980년대 주사파 핵심세력들은 통혁당의 혁명노선을 이어받아, 1990년대 이후 북한의 지령을 직접 받는 민혁당, 일심회, 왕재산 등 거대한 현대판 대남지하당들을 속속 구

축했다. 통혁당이 대남방송과 잔당의 사상전수 등을 통해 현대의 진성 종북 지하조직으로 완벽하게 진화·계승된 것이다.

▶ **통혁당 목소리 방송과 김영환의 강철서신:** 통혁당 조직이 와해되자, 북한은 지속적으로 잔당들을 통해 통혁당 재건에 노력했다. 북한은 심지어 1970년부터 대남 흑색방송인 통혁당 목소리방송(1985년 구국의 소리방송으로 개칭)을 해주에서 송출했는데, 마치 서울에 통혁당이 재건된 것처럼 위장하고 서울말 아나운서가 방송을 진행했다. 이후 15년간 꾸준히 방송을 하여 급기야 1980년대 주사파의 대부 김영환이 통혁당 목소리방송 후신인 '구국의 소리방송'을 청취함으로써 큰 결실을 거두게 된 것이다. 15년 전 멸절된 줄 알았던 통혁당의 망령이, 15년간 성과도 없이 지속했던 통혁당 목소리방송이 구국의소리방송으로 개편, 1985년 김영환과 만남으로써 드디어 주사파의 대폭발(빅뱅)로 화려하게 부활한 토대가 된 것이다.

■ **[소결] 김일성이 뿌린 혁명씨앗, 60년 뒤 거둔 내란 결실**

가장 경악스러운 것은 1960년대 체제를 뒤흔들었던 간첩 사건의 주동자들이 현재 대한민국을 주도하는 좌익 권력층 사이에서 존경받는 사상적 우상이자, 그들의 사상적·정신적 지주로 숭배받고 있다는 점이다. 그 소름 돋는 증거가 바로 문재인 정권의 사상적 커밍아웃이다. 2017년 김정숙 여사는 오길남 박사 가족을 북한 수용소로 팔아넘긴 진성 간첩 윤이상(동백림사건)의 묘소에 통영산 동백나무를 심고 헌화했다. 2018년 평창올림픽에서는 문재인 대통령이 통혁당 간첩사건의 주모자인 신영복을 전 세계 정상들 앞에서 "가장 존경하는 한국의 사상가"라고 선언했다.

이러한 사상적 지향성을 가졌기에, 그가 평양을 방문한 후 스스로를 대한민국의 국가 원수가 아닌 "남쪽 대통령"이라고 낮춰 부르며, 김정은과 함께 "새로운 조국('연방제 공산 통일국가')을 건설하겠다"고 맹세하는 끔찍한 사상적 본색을 드러낸 것이다.

결론적으로, 문재인 정권과 이재명 정권은 김일성이 대남공작의 뿌리를 내리는 데 마중물 역할을 했던 자들을 영웅으로 숭앙하고 있다. 이는 1960년대 김일성이 남한 지식인 사회에 심어 놓은 대남공작의 붉은 씨앗이 60여 년의 세월을 거쳐 현재 대한민국 권력의 심장부에서 만개한 것을 의미한다.

김일성이 박정희 정권과 체제를 무너뜨리려 한 지하당 공작은 철저히 기획된 내란이었으며, 이것이 바로 오늘날 정부 전복과 체제 붕괴를 시도하는 사상적 배경이자 정신적 뿌리인 것이다. 다시 말해, 60년 전에 파종된 내란의 씨앗이 60년이 지난 지금 내란 성공이라는 끔찍한 결실을 거두고 있는 것이다.

2. 박정희 반공정신이 대한민국을 선진국으로 만들었다고?

■ 박정희의 신념, "공산주의를 이기려면 잘 살아야 한다"

과거 남로당에 가입해 활동하다가 1949년 숙군(肅軍) 작업 당시 사형 언도까지 받았던 박정희 대통령은 백선엽 장군 등의 도움으로 목숨을 건진 후, 공산주의의 잔혹성과 실체를 그 누구보다 뼈저리게 꿰뚫어 보게 되었다. 그가 5·16군사혁명을 일으키며 내건 6개 항의 공약 중 대부분이 반공정신과 관련된 것인데, 특히 제1조로 "반공을 국시의 제1의로 삼는다"고 천명한 것은 철저한 체제수호의 결단이었다.

이러한 철저한 반공 철학은 1964년 12월 차관을 빌리기 위해 서독을 방문했을 때 뼈저리게 입증되었다. 당시 아시아 최빈국이었던 대한민국이 서독으로부터 1억 5,900만 마르크(약 4,000만 달러)의 거액을 빌릴 수 있었던 것은, 이역만리 타국에서 피땀 흘리는 파독 광부와 간호사들의 임금을 담보로 잡았기에 가능한 일이었다.

서독 뒤스부르크의 함보른 탄광에 들른 박 대통령은 지하 3,000m 막장에서 얼굴이 새까만 광부들과 궂은일을 마다치 않는 간호사들을 마주했다. 연설회는 애국가를 부르다 이내 눈물바다가 되었고, 목이 멘 박 대통령은 연설을 다 잇지 못한 채 "비록 우리 생전에는 이룩하지 못하더라도 후손을 위해 남들과 같은 번영의 터전만이라도 닦아 놓읍시다. 우리 후손만큼은 결코 이렇게 타국에 팔려 나오지 않도록 하겠습니다"라며 피눈물을 흘렸다.

이 처절한 벼랑 끝의 상황에서, 박 대통령은 루트비히 에르하르트 서독 총리를 만나 피 끓는 호소를 했다.

"우리 한국도 서독과 마찬가지로 공산국가들로부터 위협을 받고 있습니다. 공산국가들을 이기려면 우선 잘살아야 합니다. 내가 혁명을 한 이유는 정권을 탐해서가 아닙니다. 정치가 어지럽고 경제가 피폐해져 이대로는 대한민국이 소생할 수 없다는 위기의식 때문이었습니다. 그런데 우리에게는 돈이 없습니다. 돈을 빌려주면 반드시 국가 재건을 위해 쓰겠습니다."

박 대통령의 하소연에 깊은 감명을 받은 에르하르트 총리는 다정하게 화답했다.

"분단국으로서는 경제적 번영만이 공산주의를 이기는 길입니다. 한국은 산이 많던데 경제 발전이 어렵습니다. 고속도로를 깔아야 합니다. 자동차가 다녀야 하고, 자동차를 만들려면 제철 공장과 정유 공장이 필요합니다. 경제가 안정되려면 중산층이 탄탄해야 하니 중소기업을 육성하고, 일본과 손을 잡으십시오. 이것이 공산주의를 막는 길입니다."

박 대통령은 이 조언을 가슴 깊이 새겨 서독에서 고속도로 톨게이트 등 모든 설계도를 직접 스케치해 왔고, 1967년부터 경부고속도로를 만들 때 이를 그대로 적용했다.

박 대통령은 에르하르트 총리의 조언에 따라 일본과 수교하고 대가로 받은 자금을 투입하여 경부고속도로를 뚫고 포항제철을 세우며 마침내 산업국가로 이륙할 수 있었다.

결론적으로 박정희 대통령의 산업화 성공은 단순한 경제 정책이 아니라, 공산주의를 이기기 위한 절박한 반공(反共)정책의 탯줄에서 탄생한 위대한 옥동자였던 것이다.

■ 김일성의 도발과 미국의 외면, 양면 위기를 돌파한 박정희

1960년대 후반, 김일성은 자신이 환갑을 맞는 1972년까지 무력 통일을 달성하겠다는 광기에 사로잡혀 있었다. 1968년 박정희 대통령의 목을 노린 1·21 청와대 기습사건(김신조, "박정희 목 따러 왔시다")을 시작으로, 미 해군 정보함 푸에블로호 납치(1.23), 1968년 11월 120명의 무장공비가 이승복 어린이를 참살한 울진·삼척 무장공비 침투사건, 그리고 1970년 국립묘지 현충문 폭탄 설치사건(6.22, 박 대통령 6.25 참배 시 암살 목적)에 이르기까지 북한의 광적인 도발이 쉴 새 없이 이어졌다.

이런 끔찍한 안보 위기 속에서, 믿었던 혈맹 미국마저 국제정세 속에서 등을 돌리는 거대한 삼각파도가 덮쳐왔다. 미국의 닉슨 대통령이 1969년 아시아에서 발을 빼겠다는 닉슨 독트린을 발표하더니, 1971년 방어의 핵심이던 주한미군 제7사단(1만 8천 명)을 일방적으로 철수시켜 버린 것이다. 설상가상으로 애그뉴 미 부통령은 방한 후 출국하는 길에 "5년 내 주한미군 완전 철수" 방침을 일방적으로 통보했고, 1972년 닉슨 미 대통령은 6·25전쟁의 적장이었던 마오쩌둥과 손을 맞잡는 충격적인 친중(親中) 행보까지 보였다.

이렇듯, 북한의 무력 도발이 극에 달한 시점에 미국이 적군의 수장과 손을 잡고 미군을 대량 철수시키는 냉혹한 행보를 보이면서, 대한민국은 그야말로 고립무원의 벼랑 끝 안보 위기에 직면하게 되었다.

■ 박정희의 결단, "자주국방 만이 살길이다"

미군의 철수 통보 앞에서 박정희 대통령은 크나큰 충격과 절망에 빠졌다. 당시 북한은 탱크를 자체 생산하며 호시탐탐 남침을 노리고 있었으나, 대한민국은 제대로 된 소총 하나 제 손으로 만들지 못하는 참담하고 척박한 현실에 놓여 있었다.(미국 소총회사로부터 배운 기술로 소총 대량 생산하기 시작한 것이 1974년)

국가의 명운이 풍전등화에 처한 이 시기, 닉슨의 외면과 북한의 거센 대남도발이라는 거대한 공포 앞에 선 박 대통령은 "자주국방 만이 살길이다"라고 단호히 선언했다. 그러나 무기 생산기술의 부족으로 무기개발 실험은 번번이 실패로 끝났다. 그 캄캄한 어둠 속에서 한 줄기 빛이 등장했다.

1971년 11월, 대통령 면담을 요청한 오원철 상공부 차관보는 천재적인 돌파구를 제시했다. "어떤 병기도 분해하면 부품입니다. … 부품 공장과 조립 공장을 별도로 만들고, 불도 저나 포크레인 같은 민수품(70%)과 탱크, 장갑차 등 군수품 (30%)의 부품을 규격화하여 대량 생산하면 됩니다." 기업의 수지타산까지 고려한 이 탁견에 무릎을 친 박 대통령은 즉시 그를 경제비서관으로 발탁해 방위산업 국산화를 맡겼다.

박정희, 오원철 통해 3마리 토끼 잡다

0 7사단(1만 8천명) 철수 완료 : 1971.3
0 닉슨의 집요한 친중정책 : ▷1971.7 키신저 중공 방문 ▷1972.2 닉슨, 중공 방문 마오쩌둥 회담(2.21)
0 자주국방정책 지지 부진 : 거듭되는 무기실험 실패 등

〈3마리 토끼〉
- 방위산업
- 중화학공업
- 100억수출

0 김정렴 비서실장 회고록

"(1971.11) 상공부 오원철 차관으로부터 전화… 방위산업에 대한 아이디어가 있다. …

여하한 병기도 분해하면 부품이다. ..
… 설계대로 정밀 가공해 생산한 부품을 결합하면 각 부품을 가공하는 공장이 수개, 수십개가 되더라도 최종적으로 결합된 병기의 성능은 설계대로 완벽한 것이 이치다…"
⇒ 다음날 정식 발령(1971.11.10), 방위산업 및 중화학공업 관장

오원철 경제수석

■ 중화학공업과 100억불 수출 정책은 반공정책 산물이다

박정희 대통령은 미사일과 탱크, 장갑차 등 중화기를 개발하기 위해서는 초정밀 기계공학과 화학공업 등 중화학공업의 발달이 절대적으로 전제되어야 함을 뼈저리게 깨달았다. 더

욱이 자주국방은 자체 무기개발만으로 가능한 것이 아니었고 외국 무기도 구매해야 했으므로 천문학적인 돈이 필요했다. 박정희 대통령은 획기적으로 돈을 버는 방안을 찾았다.

1972년 중반 어느 날, 박 대통령이 오원철 비서관을 불러 "100억 달러 수출을 달성할 방안"을 묻자, 그는 "중화학공업만이 답입니다"라고 단호히 말했다. 박정희 대통령은 오원철 비서관의 말을 수용하여 중화학공업 정책에 국가의 운명을 걸었다. 그는 대한민국 산업 전체 구조를 획기적으로 바꾸려면 강력한 리더십이 선결과제라고 판단하고 1972년 10월 유신체제를 선포했다. 이어 1973년 신년사에서 중화학공업 육성 및 방위산업 국산화라는 거대한 국가 대개조 프로젝트를 전격 선포했다.

강력한 국가 지도력을 바탕으로 국가의 모든 에너지를 중화학공업 정책에 쏟아부었고, 수출 100억 달러 목표를 정해 국가의 명운을 걸었다. 자주국방과 중화학공업 육성, 100억 달러 수출이라는 3마리 토끼를 동시에 잡으려 한 박정희의 이 처절한 결단은 불과 몇 년 만에 대한민국을 완전히 다른 나라로 탈바꿈시켰다.

1977년 155mm 곡사포 등 지상군 기본 병기의 양산 체제에 성공하고 1978년 전차 국산화와 지대지 미사일 시험 발사에 성공하며 완벽한 자주국방의 토대를 닦았으며, 동시에 100억 달러 수출을 달성(1977)하는 경이로운 한강의 기적을 일구어 냈다. 울산, 창원, 거제 등 전국 곳곳에 중화학공업단지가 들어서고, 1970년 10억 달러였던 수출이 불과 7년 만인 1977년 100억 달러 수출을 달성하는 등 기염을 토했다. 1964년 불과 1억 달러였던 수출이 14년 만에 100배로 늘어나는 전무후무한 기적이었다. 10억 달러에서 100억 달러 수출을 달성하는 데 일본이 16년, 서독이 11년 걸린 것을 한국은 불과 7년 만에 해치운 것이다.

이 과정에서 역사의 기막힌 반전이 일어났다. 1977년부터 1979년 사이, 해롤드 브라운 미 국방장관을 비롯한 미국 국방부 고위 관리들과 상원 국방위원들이 한국 방위산업의 심장부인 창원 기계공업 기지 등을 직접 시찰하고는 그 경이로운 발전상에 경악을 금치 못했다. 이들은 조잡한 후진국인 줄만 알았던 한국이 최첨단 무기를 쏟아내는 거대한 병기창으로 변모한 것을 두 눈으로 확인한 뒤, 뼈저린 결론에 도달했다.

"만약 미군이 이대로 철수하여 한국이 공산화되고, 이 막강한 군수공업과 무기 생산 시설이 고스란히 북한 김일성의 수중에 들어가게 된다면, 이는 아시아를 넘어 자유세계 전체에 끔찍한 위협이 될 것이다!"

자주국방의 기적이 낳은 이 거대한 공포 앞에서, 미군 철수를 핵심 대선 공약으로 내걸고 당선되었던 카터 행정부조차 결국 주한미군 철수계획을 전면 백지화할 수밖에 없었다. 심지어 **과거 박 대통령에게 5년 내 완전 철수를 호언장담했던 애그뉴 전 부통령조차 훗날 "주한미군 철수를 중단하게 만든 결정적 요인은 바로 한국의 군수공업(중화학공업) 발전 때문이었다"고 고백했을 정도였다.**

미국의 외면과 철군이라는 국가 멸망의 위기가, 역설적으로 박정희 대통령의 피눈물 나는 고뇌와 결단을 이끌어내어 오늘날 대한민국을 세계 10대 경제대국이자 자주국방 강국으로 우뚝 서게 만든 위대한 기적이 된 것이다.

제5절 5·18의 두 얼굴, 민주화운동과 기획된 내란

1980년 5·18 광주사태는 명백한 두 얼굴을 가지고 있다. 신군부의 진압 과정에서 불의의 희생을 당한 무고한 광주 시민들이 존재하며, 이들의 순수한 저항은 자유민주주의 체제를 수호하고자 했던 민주화운동의 성격을 분명히 지니고 있다.

그러나 우리가 뼈저리게 직시해야 할 비극적인 또 다른 얼굴(이면)이 있다. 바로 이 순수한 시민들이 흘린 피와 상흔을 체제 전복을 위한 이념적 숙주로 삼아 1980년대 주사파를 잉태시킨 북한의 치밀한 대남 심리전과 좌익세력의 사상적 악용이다.

1. 기획된 도시 게릴라전과 반미(反美) 사상전의 불쏘시개

1979년 10·26사태로 박정희 대통령이 서거하고, 체제수호의 보루였던 중앙정보부의 기능이 마비되며 대한민국의 반공 방패에 거대한 안보공백이 생겼다. 이 혼란을 틈타 발생한 1980년 5·18 광주사태를 두고, 일각에서는 대규모 북한군 특수부대 개입설 등 과도한 주장을 펼치기도 한다. 그러나 당시 미국은 조기경보기(AWACS)와 항공모함 코럴시(Coral Sea)호 전진 배치 등 철통같은 대북 감시망을 가동 중이었기에, 대규모 정규군의 물리적 남침은 불가능했을 것이다. 그러나 대규모 정규군의 남침이 없었다고 해서 '도시 게릴라전''의 실체마저 완전히 지워지는 것은 아니다.

광주 아시아자동차 공장을 무기를 들고 급습해 장갑차와 수십 대의 차량을 탈취하고, 이를 타고 전남 각지에 산재한 무기고 44곳을 동시다발적으로 털어 도청으로 집결해 무장하고 전투한 사태는 결코 우발적인 시민의 분노만으로 가능한 일인가? 그리고 이 거대한 무장 행동 자체는 이미 단순한 군중시위의 수준을 완전히 넘어선 것이었다.

무엇보다 뼈아픈 것은, 이 사태가 남긴 비극과 거짓선동이 훗날 대한민국 체제전복을 노리는 반체제 좌익세력의 혁명 도구로 널리 악용되었다는 점이다. 당시 도청을 장악한 주동자(대변인 윤상원)는 외신기자들을 불러모아 "정부가 광주 시민들을 학살하고 있다"면서 "미국이 광주 시민군을 지원하기 위해 항공모함 두 척을 부산항에 보냈다"는 치명적인 가짜뉴스를 퍼뜨려 여론을 호도했다. 그 의도가 무엇이었든, 이 심각한 거짓말은 미국의 개입을 간절히 기대하던 광주 시민들과 남한의 청년들이 훗날 미국에 대해 크나큰 실망과 배신감을 품게 만든 결정적 패착(소재)이 되었다.

북한과 남한 내 지하 혁명조직들은 이 광주의 배신감과 상흔을 정교한 혁명논리로 치환하여 먹잇감으로 삼았고, 이는 1980년대 대학가에 미 제국주의 축출을 외치는 거대한 반미 자주화(NL) 바람을 불러일으키는 치명적인 불쏘시개가 되고 말았다.

2. 북한의 5년간 5.18 반미 심리전 공작, 결국 주사파 빅뱅으로

미국의 강력한 억지력 덕분에 대규모 북한군 투입은 막아냈지만, 북한이 남쪽을 향해 소리 없이 날리는 사상 선전선동 공작까지 막아내지는 못했다. 북한정권과 남한 내 좌익세력은 5·18의 유혈 진압이 남긴 거대한 피의 상흔을 체제전복을 위한 완벽한 '이념적 숙주'로 하이재킹(Hijacking, 탈취)하는 데 성공했다. 이 사상적 기획의 배후에는 북한의 치밀한 대남 심리전이 있었다.

가장 소름 돋는 대목은 5·18사태가 일어나기 하루 전인 5월 17일 자 북한 노동신문의 사설이다. 북한은 사설을 통해 "미국이 한미연합사를 통해 괴뢰군에 대한 작전지휘권을 거머쥐고 있는 실정에서 괴뢰군 부대와 탱크, 장갑차들이 탄압에 동원된 것을 어떻게 설명하겠느냐?"고 반문했다. 아직 광주에서 계엄군이 진입하지도 않았는데 벌써 북한이 미리 알고나 있는 듯 탱크, 장갑차 운운한 것은 남한 내 지하세력의 무장폭동 기획과 계엄군 진압을 사전에 인지하고 반미 선동의 시나리오를 만들어 퍼트렸다는 명백한 증거다.

사태 발생 직후, 북한은 이를 "광주 인민봉기"로 명명하며 맹렬한 대남 선동을 쏟아냈다. 특히 그들이 집요하게 노린 타깃은 미국책임론이었다. 신군부의 무력진압을 미국이 배후에서 승인했다는 북한의 거짓선동은 남한학생들에게 점차 스며들었고, "미국은 우방이 아니라 몰아내야 할 미 제국주의자"라는 급진적 반미 의식을 싹틔운 촉매제였다.

이후 대학가 지하 좌경 서클에서는 선배들이 후배들에게 5.18 당시 계엄군에 의해 사살된 광주 시민들이라며 처참하게 훼손된 시신 사진을 보여주며 국가에 대한 극도의 증오심을 세뇌했다. 특히 이 과정에서 대중선동의 효과를 극대화하기 위해 조작된 가짜 사진들도 무차별적으로 활용되었다.

이렇듯 북한과 남한 좌익세력이 5년간 집요하게 다져놓은 이 '반미 자주화'의 토양 위에서, 1986년 김영환이 만든 반미 혁명사상(NLPDR, 민족해방 인민민주주의혁명)을 담은 팸플릿 『강철서신』 등이 폭발적인 호응을 얻어 순식간에 주사파가 대학운동권의 대세를 장악한 것이다.

결국 5·18은 단순한 민주화운동으로 남지 못하고, 북한의 선전전과 남한 내 지하서클에 의해 철저히 악용되어 1980년대 대학가를 점령한 주사파(NL) 대폭발의 완벽한 불쏘시개가 되고 말았다. 총을 든 북한 정규군 대신, 북한이 살포한 주체사상이라는 붉은 바이러스가 5·18을 징검다리 삼아 대한민국의 심장부를 완벽하게 점령해 버린 것이다.

제6절 민주화의 가면을 쓴 내란세력, 주사파의 등장

1. 1980년대 주사파의 등장과 6·10항쟁

1980년대 초반, 대한민국의 대학가는 겉으로는 조용해 보였으나 물밑에서는 거대한 지각변동이 일어나고 있었다. 6·25 전쟁 이후 철저한 반공국가였던 대한민국에서, 어떻게 북한 김일성을 추종하는 10만 명에 달하는 반체제 혁명가들이 우후죽순처럼 자라날 수 있었을까? 그 이면에는 전두환 군사정부의 사상에 대한 몰이해와 치명적인 정책 실패가 자리 잡고 있었다.

■ 전두환 정부의 실수, 주사파의 인큐베이터가 된 대학

전두환 정부는 이승만·박정희 대통령과 달리 공산주의 사상과 그 전략전술에 대한 이해도가 현저히 낮았다. 정의사회 구현을 명분으로 내세워 중앙정보부의 대공(對共) 전문가들을 대거 숙청해버림으로써, 스스로 체제방어망에 치명적인 구멍을 내며 위기를 자초했다.(물론 체제수호의 보루였던 중앙정보부의 수장 김재규가 박정희 대통령을 시해하는 상상할 수 없는 조직적 반란을 저질렀기에 대대적인 조직정비가 불가피한 측면도 있었다.)

김영환 등 주사파 1세대가 하필 82학번인 것은 전두환 정부의 연이은 미숙한 정책이 낳은 뼈아픈 산물이다. 82학번은 전두환 정부의 첫 졸업정원제 적용 대상이었다. 대규모로 학생을 뽑은 뒤 졸업 시까지 30%를 강제 탈락시키겠다는 이 제도는 캠퍼스 내에 엄청난 불안감과 불만을 양산했고, 폭발적으로 늘어난 82학번들은 대거 반정부 운동권으로 몰려들었다.

더욱이 1982년에 섣부르게 단행된 이른바 이념도서 해금조치는 불난 집에 기름을 부은 격이었다. 이 조치는 학생들에게 마르크스-레닌주의 등 반체제 혁명사상을 합법적으로 학습할 수 있는 거대한 멍석을 깔아주었다. 과거 지하실에서 몰래 필사를 통해 전파하던 공산주의 서적들이, 이제는 정식 인쇄된 책으로 대량 유통되며 대학가 전체의 단체 사상학습을 가능하게 한 것이다. 사상에 대한 정권의 뼈저린 무지가 낳은 치명적 실수였다.

전두환 정부의 사상범 관리 역시 상당히 허술했다. 사상범을 순화하고 전향시킬 방법을 찾기보다는 단순한 물리적 처벌에만 치중해 학생들의 분노를 자극했다. 또한, 정치적 필요에 따라 이들을 구속했다가 쉽사리 특별사면으로 석방하는 행태를 반복해 오히려 투쟁의 독성만 더욱 키웠다. 게다가 제적과 취업제한으로 퇴로마저 막아버려, 이들이 불가피하게 전업혁명가의 길을 걷도록 내몰아간 측면도 크다.

결정적으로 최후의 격리 시설이어야 할 교도소의 사상범 관리마저 극히 허술했다. 이들이 교도소 안에서 집단적으로 모여 외부에서 반입한 불온서적으로 사상학습을 하고 조직을 재건하도록 방치한 것이다. 결과적으로 교도소는 반체제세력을 교화하기는커녕, 정예 혁명전사를 양성하여 전국 대학으로 다시 파송하는 거대한 혁명 파이프라인(네트워크) 역할까지 하고 말았다.

■ 캠퍼스, 공산혁명 진지이자 김일성 해방구로 변한 이유

전두환 정부의 결정적 패착은 1983년 말부터 1984년 초에 걸쳐 단행한 학원자율화 조치였다. 정권이 안정되었다는 오판과 86 아시안게임을 앞두고 정권의 국제적 이미지를 개선한다는 차원에서 그런 안일한 유화정책을 편 것이다. 이 정책은 지하에 숨어있던 좌익학생운동이 양지로 나와 폭발적으로 성장하고, 결과적으로 주사파가 대학가를 완전히 장악하게 만드는 혁명가 인큐베이터 역할을 하고 말았다. 그 치명적인 파장은 다음과 같다.

① **구속 학생 석방 및 제적생 복교 (1983.12~):** 학원 자율화 조치에 따라, 제적생 1,363명 중 복학을 희망한 727명이 학교로 돌아왔다. **대학으로 복귀한 이들은 우후죽순으로 좌경서클을 조직했고, 순진한 신입생들을 포섭하여 혁명전사로 양산하는 양성소(훈련소 교관) 역할을 수행했다.**

② **캠퍼스 내 사복경찰 철수 (1984.3):** 학원자율화 조치의 일환으로 대학에 상주하며 학원소요를 통제하던 사복경찰마저 일시에 철수했다. **이에 대학가는 정부의 통제력에서 벗어난 완벽한 '붉은 해방구'로 변모했다.** 이전까지 지하서클에서 몰래 이루어지던 좌익학생운동이 속속 공개적인 활동으로 전환되며 폭발적으로 세력을 불릴 수 있는 여건이 마련되었다.

③ **학도호국단 폐지와 총학생회 부활 (1985.3):** 정부는 임명제였던 학도호국단을 폐지하고 학생자치기구인 총학생회를 부활하도록 했다. 이 조치로 인해 좌익운동권은 소규모 지하서클 수준을 단숨에 뛰어넘어, 대학의 공식조직과 거대한 자금을 완전히 거머쥐게 되었다. **결과적으로 단과대와 총학생회 자**

체가 좌익·좌경 서클화되었고, 교실 전체가 주사파 등 반체제 운동권의 합법적 활동 공간으로 변질되었다.

■ 북한 대남방송의 영향과 주사파의 대학가 장악

1980년대 초기 대학가를 장악했던 마르크스-레닌주의(PD)는 곧 한계에 부딪혔다. 군·경찰력이 막강한 상황에서 남한 내부의 노동자·농민만으로는 혁명이 불가능하다는 패배감이 엄습한 것이다. 이때 그들의 뇌관을 건드린 것이 바로 북한의 주체사상이었다. 1985년, 서울대 법대 82학번 김영환은 북한의 대남 흑색방송인 '구국의 소리방송'(통혁당 목소리방송에서 개편)을 청취하고 통혁당 수사기록 등을 보며 주체사상을 나름 체계화하여 1986년 강철서신이라는 필명으로 팸플릿을 배포했다.

운동권은 열광했다. 복잡한 공산주의 혁명이론 대신 "북한이라는 든든한 민주기지(배후)의 지원을 받으면 남한 혁명(미군 축출과 정권 타도)은 가능하다"는 단순하고도 명쾌한 혁명 논리가 고민 많은 학생들의 마음을 단숨에 사로잡았다. 복잡한 마르크스 이론과 레닌의 전략전술론을 공부할 필요도 없었고, 오로지 주체사상과 간단한 대남혁명전략(NLPDR: '미 제국주의 먼저 몰아내라' 반미투쟁)에 따라 누가 더 적극적으로 행동(투쟁)하느냐가 주도권을 결정했다. 이론보다는 실천이, 머리보다는 손발이 중시되면서 운동권의 중심이 서울대에서 비서울대, 지방대학 등으로 폭발적으로 확산되었다.

이러한 이유로, 김일성을 추종하는 주사파가 순식간에 대학가로 퍼졌으며 1986년 말에는 대학가 운동권의 대세를 완전히 장악했다. 이로 인해 캠퍼스에서는 인공기가 나부끼고 "위수김동"(위대한 수령 김일성 동지), "친지김동"(친애하는 지도자 김정일 동지)이라는 구호가 난무했으며, 대학교 정문 바닥에 성조기를 그려놓고 밟고 지나가게 하는 일이 일어날 정도로 그야말로 대학가는 대한민국 내에 김일성이 사상적으로 지도하는 해방구로 전락했다.

1980년대 말 학생들이 등교를 하면, 가장 먼저 어제 북한이 송출하는 한민전의 '구국의 소리방송'(전 통혁당 목소리방송)에서 보도했던 내용을 공유하고 토론하는 것이 일상화될 정도였다. 이는 1964년 김일성이 남한 공산화를 위해 만들었던 간첩단 통혁당(통일혁명당)이 대학가에 뿌린 씨앗이 20여 년 만에 끔찍한 결실을 맺는 순간이었다. 철저히 짓밟힌 줄 알았던 통혁당의 혁명 망령이 15년 만에 부활하더니, 다시 30~

40년이 흐른 오늘날 기어이 그 망령에 씌인 자들이 대한민국 정권의 중심세력으로 화려하게 등장한 것이다.

■ 주사파, 6·10항쟁으로 '민주화 기수'가면 쓰다

대학가를 장악한 주사파는 매우 영악했다. 그들은 과거 좌익 세력처럼 고립을 자초하는 독자적 폭력혁명 구호(적화통일, 미군 철수)를 잠시 주머니 속에 감췄다. 대신 야당과 일반 시민들이 열망하던 '대통령직선제 개헌'이라는 대중적 구호를 전면에 내세우며 유연한 연합전선(통일전선 전술)을 펼쳤다.

이 기만적인 전술은 대성공을 거두었다. 1987년 6·10 항쟁은 야당은 물론 넥타이부대(직장인)라 불리는 일반 시민들까지 거리로 쏟아져 나오게 만들었고, 결국 전두환 정부의 6·29 선언(항복)을 받아냈다. 겉으로는 민주주의의 승리였지만, 그 판을 기획하고 주도한 핵심 설계자는 바로 대한민국의 헌정 질서를 파괴하려던 주사파였다.

■ 당시 주사파의 실체, 왜 잘 몰랐나?

이 성공으로 주사파는 민주화의 기수라는 가장 완벽하고 빛나는 월계관을 쟁취했다. 이 월계관은 그들에게 천군만마와 같은 면죄부이자 방패가 되었다. 양동안 교수나 고영주 검사 같은 소수의 사상 전문가들이 "이들의 실체는 민주화세력이 아니라 북한을 추종하는 체제전복세력"이라고 경고했지만, 일반 국민은 물론 정부 내 인사들조차도 이를 "건전한 청년들을 매도하는 색깔론"이라며 학생(주사파)들을 두둔하기에 바빴다.

이러한 현상은 주사파 학생들이 철저히 그들의 사상적 실체를 잘 감추었기 때문이기도 했다. 주사파 학생들의 가족은 물론 교수들조차도 그들의 붉은 실체를 까마득히 모를 정도였다. 당시 서울대 담당 기자로서 뒤에 『82들의 혁명놀음』(2005)을 저술해 김영환 등 주사파의 실체를 파헤친 조선일보 우태영 기자조차도 1986-87년 당시 그들의 사상적 실체를 파악해내기 어려웠다고 실토했을 만큼 그들의 위장술은 완벽했다.

국민들이 그들에 대해 민주화 투사로 착각하고 박수 치며 보호해 주는 동안, 주사파는 민주화라는 거대한 성역 아래 숨어 지난 30여 년간 아무런 견제 없이 정치, 노동, 언론, 교육, 사법부 등 사회 전반으로 소리 없이 촉수를 뻗어 나갔다. 오늘날 우리가 겪고 있는 끔찍한 체제위기는, 바로 1987년 그들이 뒤집어쓴 민주화의 가면을 제때 벗겨내지 못한 혹독한 대가인 것이다.

2. 화염병을 버리고 진지(陣地)로 스며들다

1980년대 대학가를 휩쓸었던 주체사상 신봉자들, 이른바 혁명전사들은 학교를 졸업한 뒤 모두 어디로 갔을까? 그들은 결코 사라지지 않았다. 1990년대에 접어들며 그들은 화염병과 쇠파이프를 앞세운 거리의 투쟁(기동전)만으로는 강력한 체제 수호기관을 가진 대한민국을 단숨에 무너뜨릴 수 없다는 뼈아픈 현실을 절감했다. 이에 따라 그들은 눈에 띄는 폭력투쟁을 내려놓고, 보이지 않는 곳에서 대한민국을 내부로부터 갉아먹는 치밀한 장기전략으로 선회했다.

전향을 거부한 채 혁명의 길로 간 주사파들이 도광양회의 시기에 채택한 핵심 전략은 바로 이탈리아 공산주의자 안토니오 그람시가 주창한 진지전(War of Position)이었다. 국가권력을 단번에 탈취하기 힘들다면, 사회를 구성하는 각 분야에 진지를 구축하고 대중의 문화와 의식을 서서히 좌경화시켜 마침내 체제의 헤게모니(주도권)를 장악하자는 무서운 장기혁명전략이었다.

이른바 혁명을 위한 긴 여행을 떠난 주사파 졸업생들은 자신의 전공에 따라 사회 각 분야의 진지로 흩어져 들어갔다. 사대 출신은 교사로, 법대 출신은 법조인으로, 언론·방송학과 출신은 PD와 아나운서, 기자로, 경영학과 출신은 대기업 노동 현장으로 파고들었다. 이들은 낮에는 평범한 직장인으로 위장했지만, 밤에는 조직을 만들고 연대하며 치열하게 '혁명'을 준비했다.

이 무서운 진지전의 결과물로 1988년 민주사회를 위한 변호사모임(민변), 1989년 전국교직원노동조합(전교조), 1990년 전국노동조합협의회(전노협, 이후 민노총으로 발전) 등 대한민국 사회의 하부구조를 뒤흔들 거대 좌익단체들이 이 시기에 속속 결성되었다. 이들은 학교에서는 학생들에게 반미·친북 사상을 주입했고, 노동 현장에서는 근로자들을 반정부 투쟁의 전사로 조직화했으며, 언론과 문화계에서는 대한민국의 정통성을 부정하고 북한을 옹호하는 콘텐츠를 양산하여 국민의 의식을 마비시켜버린 것이다.

■ 주사파의 급전환, 자생적 종북에서 북한 연계 종북으로

1990년을 전후로 불어닥친 동구 공산권의 연쇄 붕괴와 1991

년 12월 종주국 소련의 해체는 좌익세력에게 사형선고와도 같았다. 전통적인 마르크스-레닌주의(PD)를 추종하던 세력은 자신들이 이상형으로 삼았던 국가들의 처참한 몰락을 보면서 패닉 상태에 빠져 와해되었다. 반면, "주체사상의 조국 북한은 아직 건재하다"고 믿었던 주사파(NL)는 흔들리던 운동권을 완전히 평정하며 대세를 장악했다.

이 시기 주사파는 단순한 '자생적 종북'을 넘어 북한 대남 공작망과 직접 접선하며 사실상 북한의 지휘를 받는 '간첩 종북(지하당)'으로 급변하였다. 북한은 1989년 주사파의 대부 김영환을 포섭한 것을 시작으로, 주사파 출신들을 겨냥한 전면적인 지하당 구축 공작에 돌입했다. 조선노동당 중부지역당(1992), 민혁당(1992), 일심회(2006), 왕재산(2011) 등 훗날 적발된 거물급 지하당들은 적발 시점은 달라도 한결같이 1980년대 폭발적으로 성장했던 주사파 운동권을 포섭하여 결성한 것이다.

하지만 북한과 밀착했던 주사파에게도 곧 거대한 위기가 닥쳤다. 1990년대 중반 북한에서 300만 명이 굶어 죽는 '고난의 행군'이 일어나고, 급기야 주체사상의 창시자인 황장엽마저 탈북하는 사태가 발생했기 때문이다. 이 참상 앞에 극심한 혼란에 빠진 김영환 등 핵심 지도부 일부는 사상을 버리고 전향했으며, 대다수의 동조자들은 사상을 가슴에 묻은 채 조용히 생활전선으로 떠났다.

그러나 가장 끔찍한 비극은, 이석기를 비롯한 극소수의 맹종 세력들이 끝끝내 사상전향을 거부한 채 어둠 속에서 '도광양회(韜光養晦)'하며 지하당 구축에 총력을 다했다는 점이다. 철저히 조직을 보위하며 때를 기다리던 이들은, 김대중 정부의 출범과 햇볕정책으로 대북교류가 활발해진 유화적 시대 분위기를 틈타 민주노동당(민노당)이라는 합법적인 제도권 정당 내부로 파고들었다. 결국 1990년대의 체제 붕괴 위기 속에서도 끝까지 살아남은 이 무서운 지하 혁명세력이 폭발적인 정치적 성장을 거듭하여 오늘날의 체제 위기를 유발한 심장부가 된 것이다.

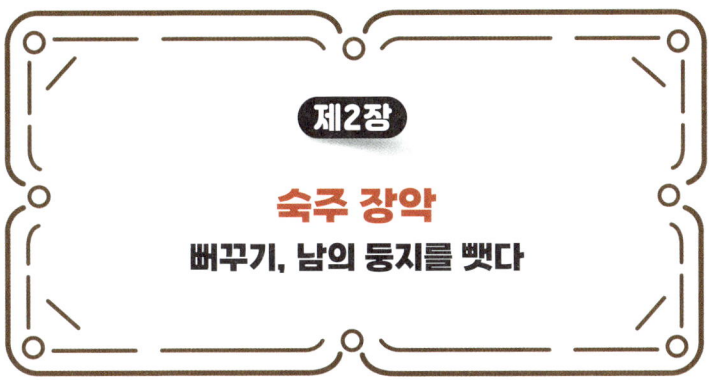

제1절 [상층부 전략] 제도권 정당을 장악하라

1. '군자산의 약속'과 일심회 간첩단의 당권 강탈

■ 남의 둥지에 알을 낳는 뻐꾸기전법의 시작

자연계에는 뻐꾸기라는 새가 있다. 스스로 둥지를 틀지 않고 개개비 등 다른 새의 둥지에 몰래 알을 낳는다. 먼저 부화한 뻐꾸기 새끼는 원래 있던 알과 새끼들을 둥지 밖으로 밀어내어 죽이고, 어미 새가 물어다 주는 먹이를 독차지하며 자라난다. 이 잔혹한 뻐꾸기전법이 2000년대 초반 대한민국 정치판에서 완벽하게 재현되었다.

당초 2000년 1월에 창당된 민주노동당(민노당)은 심상정, 노회찬 등 마르크스-레닌주의 노선을 따르는 PD파(민중민주파)

가 주도하여 만든 정당이었다. 반면 북한의 주체사상을 맹종하던 NL파(종북파)는 독자적인 제도권 정당을 가지고 있지 않았다.

그런데 2000년 6·15 남북정상회담 이후 북한의 대남 적화전략이 급선회했다. 남한 내에 양성된 종북세력을 활용해 합법적인 선거로 정권을 탈취하는 이른바 투(two)트랙 전략(상층 정당 진입+하층 광장 투쟁)으로 방향을 전환한 것이다. 이에 따라 2001년 3월, 북한은 남한 내 종북세력에게 결정적인 지령을 내렸다. "민노당을 통일전선적 정당으로 발전시키라"는 것이었다. 이는 PD파가 힘들게 지어놓은 민노당이라는 둥지 안으로 뚫고 들어가, 그곳을 NL파(종북파)가 주도하는 혁명의 본거지로 빼앗으라는 섬뜩한 뻐꾸기작전의 하달이었다.

■ '군자산의 약속'의 적화 마스터플랜

북한의 지령이 떨어지자, NL파(종북세력) 단체들의 연합체인 전국연합은 즉각 행동에 나섰다. 2001년 9월, 충북 괴산군 군자산 보람원수련원에 700여 명의 전국 대표자들이 집결했다. 이들은 이곳에서 그 유명한 '9월 테제', 일명 "군자산의 약속"을 채택했다. 이들이 채택한 것은 3년 내에 민노당을 완전히 장악하고, 이를 기반으로 10년 후 반미·종북 성향의 '자주적 민주정부'를 창출하여, 최종적으로 북한 주도의 연방제 통일을 이룬다는 3단계 체제전복 마스터플랜이었다.

■ 종북세력, 3년 만에 민노당 당권을 장악하다

종북세력은 '군자산의 약속'에서 결의한 대로 곧바로 행동에 돌입했다. 2001년 12월부터 이들은 민노당의 각 지역 지구당을 조직적으로 접수하기 시작했다. 수십 명이 한 집에 위장전입을 하고, 남의 당비까지 대납해 주며 대의원 표를 매집하는 등 온갖 편법적이고 불법적인 방법으로 지구당을 장악해나갔다(2001.12, 용산지구당 사태).

투쟁력과 조직력에서 밀린 기존의 집주인 PD파는 속수무책으로 밀려났고, 그들의 계획대로 정확히 3년 만인 2004년에 NL파는 민노당의 당권을 완전히 장악했다. PD파가 당세를 키우려 종북 뻐꾸기들을 순진하게 받아들이고 키워준 뼈아픈 결과였다.

기가 막힌 것은 2004년 4월 17대 총선 당시 대한민국 국민들이 이 끔찍한 내부 상황을 전혀 몰랐다는 사실이다. 국민들은 민노당이 무려 10석의 국회의원을 배출하고 13%의 정당

득표율을 올리자, 이를 "건전한 진보 정치의 발전"이라며 환호했다. 심지어 총선 직후인 2004년 5월 국민여론조사에서는 한나라당 25%, 민노당 24%라는 박빙의 지지도까지 기록했다. 이는 합법정당이라는 외피 속에 숨어든 종북세력의 실체를 국민이 전혀 간파하지 못했기 때문이다.

■ 북한 공작기관, 일심회 간첩단 통해 민노당을 컨트롤하다

민노당이 원내에 진입하여 거물급 정당으로 성장하자, 북한은 이 숙주를 더욱 완벽한 자신들의 꼭두각시로 통제하기 위해 직접 개입하기 시작했다. 2005년 2월부터 가동된 간첩단 일심회가 그 통로였다.

일심회 총책 장민호(마이클 장)는 최기영(민노당 사무부총장), 이정훈(중앙위원) 등 핵심 간부들을 포섭했다. 이들은 민노당 주요 당직자 300여 명의 세세한 성향과 신상정보와 100만 쪽 분량의 국내 정세정보를 북한 공작기관에 통째로 넘겼다. 이를 받아 쥔 북한은 "누구를 당 대표로 세워라", "사무총장은 누구로 하라", "접촉 창구는 경기동부연합의 OOO로 하라"며 당직 인선까지 족집게처럼 지시했다.

결국 2006년 초, 북한의 치밀한 지원 공작에 힘입어 종북세력 중에서도 가장 북한에 신임을 받는 진성 종북세력인 '이석기의 경기동부연합'이 민노당의 핵심 당직을 완벽하게 차지하게 되었다. 대한민국 국회에 진출한 합법 정당이 사실상 북한 조선노동당의 지령을 받는 하부 조직(지점)으로 전락한 역사상 초유의 사태였다.

국정원, 일심회 간첩사건 수사 (2006.10)

0 노무현 대통령, 김승규 국정원장 사퇴 요구

김승규 전 국정원장

◆2006년 김승규 전 국정원장 사퇴 일지

▲10월 23일=국정원·검찰, 일심회 사건 관련자 체포, 본격 수사 시작
▲10월 25일=민노당 전 중앙위원 등 '386 운동권' 출신 3명 구속영장 청구
▲10월 26일=노무현 대통령, 김승규 국정원장에게 사퇴 요구
▲10월 29일=김 원장, 본지와 인터뷰에서 "(후임 원장은) 코드 인사 안 된다." 사퇴배경에 대해선 함구

" ('일심회사건은 간첩단 사건이 분명한가'라는 질문에 대해) 일심회 사건 관련자들은 A4용지 100만쪽 분량의 우리 기밀, 정보 등을 북한에 넘겼다. 이런 사람들이 간첩 아니고 뭔가.", "청와대에선 사건 수사를 원치 않았다. ... 수사 도중 청와대로부터 '수사를 그만했으면 좋겠다'는 언질이 많이 왔다. 청와대 참모 대부분이 반대했다." <동아일보, 2012.5.30.자 보도>

북한의 민노당에 대한 공작 실상이 드러난 것이 2016.10 적발된 일심회 간첩사건이다. 당시 이를 수사했던 김승규 전 국정원 원장은 일심회사건을 계기로 퇴임 당했다. 수사관들의 말에 따르면, 일심회사건은 핵심 피의자가 5명이면 최소한

그간 접촉자 100여명 정도는 수사해야 함에도 불구하고 고작 6명 수사에 5명 구속이라는 극히 축소 수사로 종결되고만 안타까운 사건이었다. 만약 이 사건이 제대로 수사되었더라면 민노당 당권파(경기동부연합)와 그 협조세력의 실체가 만천하에 드러났을 것이다.

■ 민노당 창당파(PD파), 결국 당에서 쫓겨나다

2006년 10월, 국정원의 일심회 간첩단 적발로 민노당 내 간첩망 실체가 드러났다. 그러나 민노당 당권파(경기동부연합)는 간첩행위자(최기영, 이정훈)를 옹호하고 제명하지 않았다. 이에 대선(2007.12) 참패 직후인 2008년 초, 원주인이었던 PD파(심상정, 노회찬 등)는 "북한에 정보를 넘긴 간첩 연루자를 제명하자"고 요구했다. 그러나 당권을 쥔 경기동부연합 측은 "어떻게 동지를 제명하느냐"며 이를 거부했다. 법치와 상식보다 '수령과 동지'를 우선하는 사교(邪敎)집단 같은 그들의 행태에 질려버린 PD파는 결국 "종북세력과는 정치를 함께 할 수 없다"며 자신들이 피땀 흘려 만든 민노당을 버리고 탈당해 진보신당을 창당했다.

뻐꾸기 새끼가 원래 있던 새끼들을 둥지 밖으로 밀어 떨어뜨리고 거대한 민노당 둥지를 완벽하게 독차지하는 순간이었다. 이 모든 파국은 우발적 사건이 아니라 2001년 북한의 지령과 종북세력의 결의에 따라 한 치의 오차 없이 실행된 '합법 정당 탈취 프로세스'의 완성이었다.

이제 합법정당이라는 가장 크고 견고한 진지를 확보한 종북세력은, 2012년 대선에서 정권 장악이라는 다음 단계의 끔찍한 목표를 향해 나아가게 된다.

2. 2012년 종북정권 창출 시나리오

■ 2012년, 김일성 탄생 100주년과 종북정권 창출 전략

민노당의 당권을 장악(2004년)한 종북세력은 2012년을 향하고 있었다. 2012년은 2001년 9월 '군자산의 약속' 당시 "자주적 민주정부(반미 종북정권)"를 창출하겠다고 목표로 정했던 해였다. 왜 북한과 종북세력은 2012년 자주적 민주정부(반미 종북정권)를 이루겠다는 꿈을 꾸었을까? 그 해가 바로 김일성이 태어난 지 100돌이 되는 해였기 때문이다. 북한은 끊임없이 "수령님의 한평생 뜻이었던 사회주의 강성대국을 건설"하기 위해 "2012년에 반드시 조국 통일의 대문을 열어야 한다"고 공언해 왔다.

북한이 2012년 대선에서 종북정권 창출을 위해 제시한 선거 전략은 무엇이었나? 진보대연합과 반보수대연합이라는 치밀한 통일전선전술이었다. 진보대연합이란 민노당을 중심으로 국민참여당, 진보신당 탈당파 등을 하나로 묶어 진보대통합정당(좌익통합정당)을 구성하는 것이고(1단계 통일전선전술), 반보수대연합이란 진보대연합정당이 중도에 있는 민주당과 느슨한 선거연대(단일후보)를 함으로써 보수 정당(한나라당, 새누리당)을 고립시켜 승리하는 선거전략(2단계 통일전선전술)이다.

북한이 제시한 2012년 선거전략을 간단히 설명하면 진보세력(1/3)과 중도세력(1/3)을 연대하여 보수세력(1/3)을 철저히 고립시켜 압승하겠다는 섬뜩한 선거전략이었다.

■ 왕재산 간첩단에 내린 북한의 2012년 선거 지령

북한은 2012년 총선, 대선에서 승리하기 위해 미리 왕재산 간첩단에게 보다 구체적인 선거전략을 하달했다. 북한이 내린 이 지령은 2011년 8월, 왕재산 간첩단이 국정원에 의해 적발됨으로써 그 섬뜩한 실체가 백일하에 드러났다. 북한이 내린 지령은 다음과 같다.

▶"민노당을 중심으로 국민참여당 등을 흡수하여 진보대통합

정당(통합진보당)을 2011년 10월 이내에 완성하라." ▶"진보
대통합정당이 만들어지면 민주당과 야권연대방안을 강구하
라." ▶"민주당으로부터 국회 의석을 대폭 양보받아내고, (주
한미군 철수나 연방제 통일 같은) 정책적 담보까지 반드시 받아내
라." ▶"국회 의석을 차지하는 것은 합법적 무대를 활용해 장
외의 폭력 민중 투쟁을 엄호하기 위한 것임을 명심하라." ▶
"진보대통합당 건설 과정에서 민노당의 명칭을 견지하다가
양보하면서 … 이럴 경우엔 본사(북 225국을 지칭하는 은어)에
문의하라."

■ 북한의 지령이 남한의 현실이 되다

놀랍고도 두려운 것은, 북한 225국의 왕재산 간첩단에 내려
진 지하 지령이 대한민국 공식 정치판에서 99% 현실로 실행
되었다는 사실이다.

민노당은 국민참여당과 진보신당 탈당파를 흡수하여 통합진
보당(통진당)이라는 거대한 텐트를 완성했다. 그것이 2011년
12월 13일이었다. 제1야당이었던 민주당(통합민주당) 역시 통
합진보당과 선거연대를 할 수 있도록 1년 이상이 노력 끝에
민주통합당으로 개편(통합민주당과 시민통합당 합당)을 완료한

것이 12월 16일이었다. 통진당 창당 3일 뒤였다.

그리고 2012년 4월 총선을 한 달 앞두고, 통합진보당과 민주통합당이 총선 및 대선 승리를 위한 야권연대(선거연대) 결성식을 개최했다. 이 협상을 배후에서 조종하고 압박한 것은 백낙청 교수 등이 주도한 좌익원로들의 모임인 이른바 원탁회의였다. 심지어 결성식 자리에는 무단 방북해 김정일 사망 조문을 했던 범민련 간부(노수희)까지 버젓이 배석해 있었다.

통합진보당과 민주통합당 **야권연대** 성사

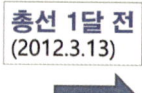

총선 1달 전
(2012.3.13)

민주진보진영 총선승리와 정권교처
야권연대 공동선언
•일시 : 2012. 3. 13(화) 오후2시 •장소 : 국회 귀빈식

0 **원탁회의**(재야원로모임), **야권연대 주선 형태**
  - **백낙청** 교수 비롯, 오종렬 진보연대 상임고문,
함세웅 신부, 김상근 목사 등 참여
0 민주통합당 대표 : **한명숙**
0 통합진보당 공동대표 : **이정희**, 심상정, 유시민
* **노수희 범민련 부의장**, 야권연대 결성식 후 무단 방북 김정일 조문 화환
바침 : "위대한 령도자 김정일 동지는 영원히 우리와 함께 계신다"

■ 통진당, 민주당 도움으로 13석 정당으로 우뚝

2012년 4월 총선에서 통합진보당은 민주통합당과의 후보 단일화와 대폭적인 의석 양보에 힘입어 무려 13명의 국회의원을 배출했고, 국민 지지율 10.3%(220만 표)를 기록하는 대승을 거두었다. 이 중에서도 당권파의 핵심인 이석기와 경기동부연합 소속 진성종북 성향 6명이 버젓이 금배지를 달고 대한민국 국회에 입성한 것이다.

더 심각한 것은 이들이 국회의원 1인당 9명씩 둘 수 있는 보좌관 자리에 수십 명의 종북성향 핵심활동가들을 앉힘으로써, 대한민국의 1급 국가기밀이 고스란히 이들의 손에 넘어가게 되었다는 사실이다.

■ 만약, 종북 공동정권이 탄생했더라면

이제 남은 것은 2012년 12월 대통령 선거였다. 10.3%의 돌풍을 일으킨 통진당과 거대 야당 민주당이 야권연대 체제를 대선까지 끌고 가 승리했다면, 과연 어떤 일이 벌어졌을까?

통진당은 단순한 지분 참여를 넘어 통일부, 국방부, 노동부 등 핵심요직을 차지하고 국정주도권을 완벽하게 거머쥐었을 것이다. 당시 좌 성향 시민단체 1,500여 개가 민주당이 아닌 통진당의 지휘를 받고 있었고, 그 배후에는 북한의 강력한 지원이 존재했기 때문이다.

만약 당시 대선에서 이석기(통진당)와 문재인(민주당)의 공동정권이 수립되었다면, 이는 2001년 군자산의 약속에서 그들이 맹세했던 자주적 민주정권(반미·종북 정권)의 탄생이자, 그들이 최종목표로 삼았던 연방제 통일(북한 체제로의 흡수 통일)이 현실화되는 치명적인 정세로 이어졌을 것이다.

전국연합, "군자산의 약속" (2001.9.23)

PD 무력화시킨 NL '군자산 약속' 뭐길래…

CBS노컷뉴스 박종관 기자ㅣ 2013-09-02 15:35   뉴스듣기   0   11   가

| 2001년 "자주적 민주정부" 결의…지난해 야권연대로 실현될 뻔

지난달 31일 오후 서울 내곡동 국가정보원 앞에서 열린 통합진보당 국정원 내란음모 조작, 공안탄압 규탄대회에 참석한 이석기 의원이 지지자들의 인사에 화답하고 있다. (황진환 기자/자료사진)

★ **일심회사건**(2006.10), **왕재산사건**(2011.8) 등

3. 통진당 사태, 그리고 이재명이라는 새로운 숙주

⟨1⟩ 통진당세력, 당 해산 위기를 전화위복의 기회로 전환

■ **탐욕이 부른 종북의 맨얼굴 폭로**

2012년 총선과 대선을 앞두고 등장한 야권연대는 북한과 종

북세력이 오랫동안 기획한 대한민국 정권 탈취 전략이었다. 대한민국의 운명을 뒤바꿀 그 위험한 시도는 절반의 성공으로 끝났다. 대선까지 유지되지 못했기 때문이다.

총선 직후인 2012년 5월, 통진당 내에서 당권파(이석기의 경기동부연합)가 비례대표 순위를 조작하기 위해 저지른 극심한 온라인 부정투표 사태가 터진 것이다. 당권파와 비당권파 간의 격렬한 충돌이 벌어졌고, 폭력사태와 머리끄덩이를 잡아당기는 등의 추태가 연일 언론에 생중계되었다.

이 과정에서 이석기 등 경기동부연합의 실체가 폭로되었고, 일심회·왕재산 간첩단 사건과 연루된 그들의 섬뜩한 종북 본색이 만천하에 드러났다. 건전한 진보정당인 줄 알았던 국민들은 경악했고, 10.3%에 달했던 당 지지율은 순식간에 2~3%로 폭락했다.

민주당(문재인)은 통진당 내분 사태가 수습되기를 기다렸으나 회복이 불가능하자, 결국 대선 야권연대를 파기할 수밖에 없었다. (이후 대선에서 문재인, 이정희가 각각 출마하며 표가 분산되었고 박근혜 후보가 당선되었다.)

이로써 통진당과 민주당의 종북 공동정권 창출이라는 끔찍한 시나리오는 극적으로 무산되었다. 만약 이때 무산되지 않았더라면, 1948년 건국된 대한민국은 바로 거기서 끝장났을 것이다.

■ 이석기의 RO사건과 통진당 해산

국회에 입성한 이석기와 그 일당의 반체제 활동은 멈추지 않았다. 특히 통진당의 수뇌인 이석기는 국회의원의 자격을 가지고도 체제전복을 위한 내란을 기도하다 적발되었다.

2013년 5월, 이석기는 자신이 관리하던 130여 명의 지하혁명조직(RO) 조직원을 비밀리에 집합시켜 놓고 "북한의 남침전쟁에 대비하라"고 지시했다. 이들은 유사시 북한에 호응하여 평택 유류저장고와 혜화동 전신전화국 등 대한민국의 핵심 통신·교통·에너지 시설을 파괴하고 인명을 살상할 것을 모의하다가, 내부 고발자에 의해 국정원에 적발된 것이다. 결국 2013년 8월 이석기는 구속되어 9년 형을 선고받았다.

당시 국정원이 국회에 제출한 체포동의요구서에 따르면, 이 RO는 단순한 운동권 동아리가 아니었다. 이 조직(RO)은 1992년 김일성의 직접 지령으로 결성되었던 대한민국 최대 간첩단 '민혁당(민족민주혁명당)'의 후신, 즉 재건(再建)민혁당이었다. 1999년 민혁당(핵심 당원 100명, 준당원 400명, 하부 17개 RO 존재)이 적발되어 해체될 때 경기남부위원장이었던 이석기는 2003년 특사로 풀려난 직후, 기존 하부망을 다시 규합해 이 거대한 지하조직(RO)을 고스란히 재건했던 것이다.

이 사건으로 인해, 통진당은 2014년 12월 헌법재판소에 의해 "북한식 사회주의를 추구하는 위헌 정당"으로 판단되어 강제 해산당했다. 국민들은 이로써 대한민국의 심장부에 침투했던 종북세력이 완전히 멸절되었다고 안심했다. 그러나 그것은 뼈아픈 오판이었다. 그들은 사라지기는커녕 위기를 딛고 새로운 숙주를 만나 더 거대하게 우뚝 성장했기 때문이다.

■ 이재명과 경기동부연합의 운명공동체

당 해산으로 궤멸된 줄 알았던 이석기의 경기동부연합은 결코 죽지 않았다. 그들은 이미 세력 확장을 위해 이재명이라는 유력 정치인과 연대하여 튼튼한 진지를 확보해 두었기 때문이다. 이들은 2010년 지방선거 당시 이재명 민주당 성남시장 후보와 야권연대를 통해 성남시를 사실상 공동통치하도록 부활의 기반을 닦아두었다.

2010년 성남시장 선거 당시, 성남 지역에 강력한 조직을 갖추고 있던 민노당 김미희 후보(경기동부연합)는 민주당 이재명 후보와 야권 단일화를 명분으로 전격 사퇴했다. 이는 단순한 양보가 아니었다. 더 큰 이익을 위한 전략적 후퇴였다.

이재명이 성남시장에 당선되자, 성남시장직 인수위원회는 경기동부연합 인사들의 차지가 되었다. 후보를 양보했던 김미희가 인수위원장을 맡았고, 한용진, 이용대, 윤원석, 박주현 등 경기동부연합의 핵심 계파 인사들이 인수위원에 대거 기용된 것이다. 이후 성남시는 두 세력의 공동통치 영역으로 인식되었다.

1998년 성남시민모임 시절부터 이재명과 함께했던 김현지 **(현 대통령실 제1 부속실장)**는 인수위 간사로서 두 세력의 연결고리 역할을 했다.

이재명(민주당)+김미희(민노당) 야권연대

2010년 지방선거 성남시장 후보 단일화 : 이재명과 김미희

2010년 5월 〈민중의소리〉는 민주노동당 후보로 경기도의원 선거에 출마한 김미희 후보 인터뷰를 소개했다. 〈민중의소리〉는 기사와 함께 '이재명 후보로 성남시장 야권 단일화 실현한 후 함께 유세를 펼치는 김미희 후보'라는 설명과 함께 해당 사진을 공개했다.

성남시장 인수위원회
(시민행복위원회)

성남시장 시민행복위원회 (인수위원회)

▷ 인수위원장 김미희
(통합진보당 성남중원 당선자, 경기동부연합)

▷ 인수위원 한용진
(전국연합 경기동부연합 공동의장, 한국외대 84학번)

▷ 인수위원 이용대
(구 민노당 전 정책위의장, 경기동부연합)

▷ 인수위 대변인 윤원석
(전 '민중의 소리' 대표, 경기동부연합, 한국외대 86학번)

▷ 자문위원 박주현

〈2〉 종북세력, 북한과 연계 '이재명' 대통령 만들기 프로젝트

경기동부연합, 한총련 등 진성 종북세력은 이석기 구속, 통진당 해산의 위기에도 불구 이재명 숙주를 이용해 민주당으로 들어가 당권과 정권마저 장악하겠다는 더 큰 작전에 들어갔다. 이재명을 민주당 대통령 후보로 만들어 정권을 쟁취하는 방법이었다.

■ 북한 공작기관의 2022년 대선 개입 지령

이러한 작전의 단서가 2021년 7월 국정원에 의해 적발된 "자주통일 충북동지회" 간첩단 사건에 의해 드러났다. 충북동지회 간첩들은 대선 후보를 둘러싸고 물밑 움직임이 일어나던 2020년 7월 18일, 북한의 대남공작기관(문화교류국)에 은밀한 통신문을 타전했다.

"이 지사(이재명)가 민주진보개혁 세력의 대선 후보로 광범위한 대중조직이 결집될 수 있도록 본사(북한 공작기관)에서 적극적인 조치를 취해달라"며, 사실상 이재명을 2022년 대선 후보로 낙점하고 지원을 요청한 것이다.

이에 북한은 불과 한 달 뒤인 2020년 8월, "이재명이 대선 후보로 나서자면 아직 넘어야 할 산이 많다고 본다. 그가 당선되면 회사(북한)에서 바라는 통일대통령으로 될 수 있겠는가 하는 문제도 아직은 결론하기 어려울 것 같다. 대선까지는 시간이 있는 만큼 일단 주시해보았으면 한다"는 족집게 같은 지령과 답신을 내렸다.

여기서 그들이 바라는 통일대통령이란 결국 연방제 적화통일을 완수할 꼭두각시를 의미할 것이다. 그렇다면 결국, 민주당에서 이재명이 대통령 후보로 결정된 의미는 무엇인가?

이러한 증거는 2012년 왕재산 간첩단을 통한 선거 개입에 이어, 2022년 대선에서도 북한 공작기관이 남한의 특정 정치인을 대통령 후보로 선정하는 문제를 두고 지하 간첩망과 다각도로 밀통하며 논의했다는 사실 자체가 경악스러운 것이다. 이 사건은 단순한 일회성 우발 사건이 아니라, 종북세력이 북한과 연계해 대한민국 정권을 장악하기 위한 치밀하게 기획한 '정권 탈취 내란'의 연장선상에 있는 것이다.

■ 정통 민주당 당원, "저 미친 통진당세력에게 당을 빼앗기는구나"

2022년 대선을 앞두고 민주당 내 대통령 후보를 둘러싼 치열한 경선이 있었다. 이낙연과 이재명 간의 맞대결이었다. 이 과정에서 이재명을 지지하는 종북세력이 대거 민주당 내로 물밀 듯 들어왔다. 이낙연 전 대표를 지지하던 기존의 전통 민주당 당원들은 뼈저린 공포를 느꼈다. 당시 민주당 당원 게시판에는 "이번 경선 결과에 따라 민주당을 지킬 수 있을지, 아니면 저 미친 통진당세력에게 통째로 빼앗길지 결정될 것으로 보이는구랴"라는 처절한 절규가 쏟아졌다. 이재명과 함께 진입하는 세력이 누군지 잘 알기 때문이었다.

북한의 숨은 개입과 종북세력의 총력 지원 속에, 이재명은 결국 2022년 민주당 대선 후보로 선출되었다. 전통 민주당원들의 우려는 참담한 현실이 되었다. 헌법재판소의 해산 판결로 영원히 무덤에 묻힌 줄 알았던 통진당의 망령들이, 이재명이라는 거대한 트로이목마를 타고 들어와 제1야당의 심장부를 완벽히 장악한 사상적 하이재킹(Hijacking)이었던 것이다.

〈3〉 뻐꾸기전법, 민주당이라는 거대 숙주 장악하다

이재명을 옹위하는 친명(친이재명) 세력과 강성 팬덤그룹인 개딸을 앞세워, 과거 문재인 정권의 주축이었던 친문(전대협) 세력과 호남 정통세력을 무자비하게 학살하고 축출했다. 이로써 민주당의 주류는 1980년대 전대협 출신에서, 훨씬 더 과격하고 북한과 밀착된 1990년대 한총련 및 경기동부연합(통진당 후신) 등 이재명 친위세력으로 완전히 교체되었다.

김대중과 노무현의 둥지였던 거대 야당은, 이제 이재명을 옹위하는 경기동부연합, 한총련 등이 주도권을 행사하는 종북 성향 체제변혁적 좌익정당으로 탈바꿈한 것이다.

제2절 [하층부 전략] 광장의 촛불로 대중의 심리를 장악하라

1. 2002년 월드컵과 레드 콤플렉스의 해체
■ '붉은 악마'응원 속에 숨겨진 고도의 붉은 상징조작

상층부(제도권 정당)로의 침투와 병행하여 종북 좌익세력이 가동한 또 다른 체제전복의 무기는 바로 촛불집회로 상징되는 이른바 민중(인민) 광장정치였다. 그러나 이 대중 선동이 먹혀들기 위해서는 먼저 넘어야 할 거대한 장벽이 있었다. 바로 6·25전쟁의 참혹한 경험을 통해 대한민국 국민의 뇌리와 무의식 속에 깊이 뿌리박힌 좌익 공산주의에 대한 거부감, 즉 레드콤플렉스(Red Complex)였다. 이 견고한 사상적 방어벽을 단숨에 허물어뜨린 결정적 계기가 바로 2002년 한·일 월드컵이었다.

2002년 여름, 히딩크 감독이 이끄는 한국 축구대표팀이 4강 진출이라는 경이적인 성과를 거두자, 온 국민은 붉은 옷을 입고 거리로 쏟아져 나와 한국축구팀을 연호하며 붉은악마(응원팀 이름)로서 열띤 응원전을 펼쳤다.

그러나 축제가 남긴 허탈감이 지나간 후, 냉정하게 그 당시의 상징물들을 복기해 보면 등골이 서늘해지는 기이한 징후들을 발견할 수 있다. 온 국민이 입고 다녔던 붉은 티셔츠에 붓글씨로 큼지막하게 쓰인 영어 문구는 "Be the Reds"였다. 이를 직역하면 "빨갱이가 되자"는 뜻이 된다. 자유민주주의 국가의 국민들이 스스로 '빨갱이가 되자'는 구호를 가슴에 달고 거리를 활보한 셈이다.

또한, 대중들이 열광적으로 불렀던 응원가 "오 필승 코리아"와 응원 도구에 새겨진 국호는 대한민국을 상징하는 정식 영문 표기인 Korea가 아니었다. 북한이 일관되게 주장해 온 적화통일 방안인 고려연방제를 연상케 하는 Corea라는 스펠링이 도배되어 있었다. (실제로 훗날 이 응원가를 부른 가수가 일본 조총련 행사에 초청받아 무대에 오르기도 했다.) 심지어 월드컵의 대미를 장식한 마지막 날 경기장 스탠드에 떠오른 대형 카드섹션 현수막의 문구는 붉은 별과 함께 새겨진 "★꿈은 이루어진다★"였다. 그것이 과연 월드컵 우승만의 꿈이었을까? 혹시 종북세력이 그토록 염원하던 '공산 혁명의 꿈'이 이루어진다는 은밀한 암호는 아니었을까?

■ 대한민국 피로 만든 반공정신, 일시에 공중분해

2002년 월드컵 열기를 통해 가장 뼈아픈 타격을 입은 것은 대한민국의 체제 방어력이었고, 가장 큰 수혜를 본 것은 종북 좌익 혁명세력이었다. 국민들이 '붉은 옷'을 입고 '붉은악마'를 외치며 춤추고 열광하는 그 짧은 한 달 동안, 50년간 대한민국을 지켜왔던 붉은색과 공산주의에 대한 본능적인 거부감은 거짓말처럼 눈 녹듯 증발해 버렸다. 완벽한 사상적 무장해제가 일어난 것이다.

국민들이 붉은 최면에 걸려 6·25전쟁을 통해 피를 흘리며 국민 개개인 잠재의식 속에 쌓아놓았던 '반공의식(빨갱이〈공산주의〉는 위험해)' 즉 대국민 심리전 방어벽(마지막 안보 보루)을 총성 한 번 울리지 않고 스스로 해체해 버린 초대형 국가안보 붕괴 사고였던 것이다.

이 심리전 공작이 얼마나 성공적이었는지, 훗날 대한민국 수호세력을 자처하는 우경 정당(한나라당)조차 2012년 초 당명을 새누리당으로 바꾸면서 자유를 상징하던 '파란색'을 버리고 공산주의와 혁명의 상징인 '붉은색'을 당의 색깔로 스스로 채택해 국민의 사상혼선을 가중시키는 결과를 낳은 것이다.

■ 쌍인 광장 에너지, '반미 촛불'로 인화(引火)

가장 치명적이고 우려스러운 문제는, 월드컵을 통해 조직되고 팽창된 대중의 거대한 에너지가 축제 종료와 함께 소멸하지 않았다는 점이다. 군중심리로 고도로 응축된 이 에너지는 새로운 분출구를 찾고 있었다. 반미 좌익세력은 이 결정적 기회를 놓치지 않았다.

월드컵이 한창이던 6월, 의정부의 좁은 도로에서 훈련 중이던 미군 장갑차에 의해 갓길을 걷던 여중생 두 명이 사망하는 안타까운 교통사고가 발생했다. 이 사고에 대해 그해 11월 미군 법정은 불가항력적 상황과 운전병의 과실 입증의 어려움을 이유로 무죄 평결을 내렸다. 그러자 반미 좌익세력은 "누가 여중생을 죽였나? 장갑차였나? 장갑차를 구속시켜라"라며 대중의 감정을 맹렬히 선동하기 시작했다. 그들은 어린 여중생의 불쌍한 죽음을 정치적 소재로 삼아, 월드컵에서 달아올랐던 대중의 에너지를 '반미 촛불시위'라는 투쟁의 동력으로 단숨에 전환시켰다. 서울시청 앞 광장에서 미국 성조기가 갈기갈기 찢기는 대규모 시위가 일어난 것이다.

이것은 단순한 반미 감정의 표출이 아니었다. **1980년대 대학가를 붉게 물들였던 주사파의 핵심 혁명전략, 즉 미군 축출을 통한 민족해방 인민민주주의 혁명(NLPDR) 노선이 광장투쟁을 통해 국민 속으로 이식하는 순간이었다.** 월드컵의 붉은 물결은 대중의 이성적 판단을 마비시키기 위한 고도의 심리적 기제였으며, 이 과정은 향후 대한민국 헌정질서를 파괴하는 광장투쟁(**기획된 내란**)의 서곡이었다.

2. [1차 리허설] 2002년 효순·미선 사건과 반미촛불의 탄생

■ 안타까운 교통사고가 살인극으로 둔갑

2002년 11월 말부터 시작된 효순·미선 촛불시위는 12월 서울 광화문 광장과 시청 앞을 뜨겁게 달구었다. 밤을 밝히는 군중들의 촛불시위는 겉보기엔 하나의 거대한 추모 퍼포먼스처럼 보였고, 교복을 입은 여중생들까지 거리로 나와 장갑차 운전병에게 무죄를 평결한 미군을 비난하며 성조기를 훼손하는 분노를 표출했다.

이 반미 촛불시위의 도화선이 된 것은 이른바 효순·미선사건

('의정부여중생 미군장갑체 압사사건')이었다. 이 사건은 한창 한일 월드컵 축구 경기가 개최되던 2002년 6월 13일에 일어났다. 의정부의 좁고 굴곡진 편도 1차선 도로에서 훈련하러 가던 미군 장갑차가 갓길을 걷던 두 여중생을 미처 보지 못하고 치어 숨지게 한 참으로 불행한 사고였다. 폭이 3m 40cm에 달하는 거대한 장갑차는 반대편 차량을 피하려 우측으로 바짝 붙어 주행 중이었고, 운전병은 두꺼운 투시경과 헬멧을 쓴 채 제한된 시야로 운전하느라 사각지대에 있던 학생들을 발견하지 못했다. 현장 검증 결과, 이는 고의성은커녕 명백한 과실을 묻기도 힘든 구조적 환경에서 일어난 불가항력적 단순 교통사고에 가까운 것으로 밝혀졌다. 그해 11월 미군 법정이 운전병들에게 무죄 평결을 내린 이유다.

그러나 종북 좌익세력은 이 무죄 평결을 대중 선동의 결정적 기회로 삼았다. 시점은 공교롭게도 12월 19일 제16대 대통령 선거를 불과 3주 앞둔 때였다. 그들은 이 비극적 사고를 악용해 미국에 대한 분노를 조장했고, 결과적으로 우익(이회창) 후보에게 치명적으로 불리한 여론을 형성하여 좌익(노무현) 후보를 당선시키는 강력한 '정치적 무기'로 활용했다는 것이 사상 전문가들의 공통된 평가다.

■ 유가족의 피눈물마저 '정치적 도구'로 쓰다

사건의 진짜 피해자인 미선 양의 아버지 심수보 씨는 훗날 언론 인터뷰에서 좌익세력의 행태를 꾸짖었다. 그는 **"단순한 교통사고다. 미군들이 애들이 미워서 낸 사고가 아니지 않느냐?"**며 **"제발 아이들을 정치적 목적에 이용하지 말아 달라"**고 **피눈물로 호소했다.** 그러나 반미 반체제 세력에게 유가족의 간절한 외침은 안중에도 없었다. 그들은 유가족의 만류에도 불구하고 10주기 추모행사를 강행하는 등, 두 여학생의 죽음을 자신들의 반미 투쟁을 위한 정치적 명분으로 끈질기게 동원했다. **북한정권 역시 평양 모란봉 제1중학교에 두 여학생을 명예학생으로 등록해 놓고 체제선전의 도구로 철저히 능욕했다.** 억울하게 희생된 소녀들이 본인들의 의사와 무관하게, 체제변혁세력의 '정치적 불쏘시개'로 무참히 이용된 것이다.

■ 전국 교실을 덮친 반미세뇌, "미군이 재미 삼아 깔아 죽였다"

2002년 12월 서울 시청과 광화문 광장을 달군 촛불시위의 진짜 주제는 추모가 아니라 반미(反美)였다. 훗날 이적단체 판결을 받은 실천연대 소속 노래패 등은 시위 현장에서 **"주한미군 철거가"**, **"탱크라도 구속해"** 같은 노래를 부르며 대중의 반미 감정을 극도로 고조시켰다.

미장갑차 여중생사건 반미시위 (2002)

2002년 12월 15일, 서울시청 앞 광장 –
'주권회복의 날', SOFA 개정 촉구

2002년 12월 광화문

〈실천연대 노래패 '우리나라'〉
"주한미군 철거가" **"탱크라도
구속해"** 등 반미감정을 자극하는
노래를 부르고 있다.

더욱 경악하고 주목해야 할 것은, 어린 학생들을 상대로 교육
현장에서 자행된 사상 주입 시도였다. 『전교조에게 빼앗긴 학
창시절』이라는 책의 증언에 따르면, 당시 일부 교사들은 수업
을 중단하고 제국주의 미국의 음모를 다룬 비디오를 학생들
에게 보여주었다. 심지어 **"미군이 재미 삼아 고의로 아이들을
깔아 죽였다"**, "확인 사살을 위해 장갑차를 고의로 전진·후퇴
시켰다"는 등 팩트와 전혀 다른 악의적인 거짓말을 여과 없이
교실에 퍼뜨렸다. 분노한 학생들은 시위 현장으로 달려나갔

고, 일부 학교에서는 시위 참여 학생에게 '태도 가산점'을 부여해 시위장에 가는 것을 부추겼다.

이러한 2002년의 반미 선동은 광장에서 그치지 않고, 두고두고 교실을 통해 학생들에게 반복적으로 전파되었다. **전교조 교사들이 전파한 반미교육이란, 사실상 자신들이 대학교를 다닐 때 주입받은 김일성의 대남혁명전략(NLPDR, 민족해방 인민민주주의 혁명: "미국을 몰아내자")을 알기 쉽게 현장 수업으로 둔갑시킨 것이었다. 즉, 학생들은 김일성의 대한민국 공산화 전략을 요약 정리한 '중고생 버전'을 전수받은 꼴이었다.** 학생들이 "전교조 없는 세상에서 살고 싶다"고 하소연할 정도로 지독한 반미·반체제 사상 교육이 이어졌다.

그러나 당시 학부모들은 학교에서 일어난 이 사상전복 교육의 심각성을 제대로 인식하지 못했다. 그래서 **학부모들이 자녀들이 등교할 때마다 "선생님 말씀 잘 들어라"라고 당부해 보냈지만, 이는 결과적으로 "전교조 교사들이 주는 독극물을 잘 마시라"고 등을 떠민 셈이 되고 말았다.** 사상전문가 양동안 교수는 "이렇게 세뇌가 되고 나면 육체는 자신의 자녀일지 몰라도, 정신은 전교조 교사의 자녀로 바뀐다는 것을 부모들은 모른다"며 한탄했다. 학부모들이 간과한 가장 무서운 진실은, 세뇌를 통해 사상이 바뀌면 그의 세계관 전체가 바뀌고 심하면 그 이전과는 완전히 다른 인간으로 개조되어 버린다는 사실이다.

이 치명적인 촛불과 붉은 세뇌의 나비효과는 대한민국의 안보 근간을 뒤흔들었다. 2004년 육군사관학교 김충배 교장이 가입교생을 대상으로 실시한 설문조사에서 주적(主敵)이 미국(34%)이라는 응답이 북한(33%)을 앞지르는 충격적인 결과가 나왔다. 나아가 2005년 16~17세 청소년 여론조사에서는 "미국과 북한이 전쟁을 하면 북한을 돕겠다"는 응답이 무려 65%에 달했다.

당시 악의적인 거짓선동에 속아 광장에서 분노하고 교실에서 세뇌당했던 10대 청소년들은 20여 년이 흐른 지금 대한민국의 허리인 40대와 50대 초반의 기성세대가 되어, 오늘날 좌익정권을 견고하게 지지하는 '핵심 콘크리트 지지층'으로 굳게 자리 잡고 만 것이다.

결국 2002년의 촛불은 단순한 추모가 아니라, 군중을 선동해 체제전복의 토양을 다진 '기획된 내란의 성공적인 1차 예행연습'이었다. 광장투쟁의 달콤한 효능감을 맛본 이들은 6년 뒤, 갓 출범한 이명박 정부의 숨통을 끊기 위한 거대한 제2차 대중동원, 즉 '광우병사태'를 유발하였다.

심층 분석 공산주의 세뇌의 독성, "원상회복 불가능하다"

그렇다면 2002년 당시 10대였던 4050세대는 왜 이토록 견고한 콘크리트 지지층이 되어 빠져나오지 못하는 것일까? 그것은 한 번 뇌리에 박힌 공산주의(주사파) 사상이 인간의 인식을 근본적으로 파괴하며, 원상회복이 사실상 불가능하게 하는 독성 때문이다. 과거 대서방 심리전 공작을 담당했던 **소련 KGB 출신 서방 망명자 유리 베즈메노프**는 1984년 그 섬뜩한 실체를 폭로했다. 그는 "KGB가 미국의 어린 학생들을 대상으로 공산주의 세뇌 공작을 수행하는데, 완결기간은 15~20년이 걸리며, **세뇌가 한 번 완결되고 나면 아무리 진실된 정보를 보여주어도 다시는 원래 상태로 돌아가지 못한다**"고 증언했다.

KGB 공작관, 미국 학생에 세뇌공작

'당신은 그들의 마음을 바꿀 수도 없습니다.
아무리 진실된 정보를 들고와서
아무리 흑을 흑이고 백을 백이고 증명을 하더라도'

0 "미국 1960년대에 대학을 다녔던 세대들...
'오염된 세대'다" : 그래서 68혁명 일어났구나!! –
그래서, 닉슨이 69년 닉슨독트린 발표, 1973년 미군
베트남 철수 – 75년 남베트남 공산화 결말

0 KGB 심리전 공작목표 :
 - "모든 미국인(특히 학생)의
   도덕성 마비, 현실인식, 지각을
   전복/마비시키는 것"
 - "특정 자극에 특정 반응
   프로그래밍 주입"

0 브레인 와싱(세뇌) 테크닉
 - "세뇌에 15-20년 소요"
 - 세뇌 프로세스가
   완결되면, 치유 불가능"
 - "이들은 아무리 진실된
   정보에 노출되어도 소용
   없다. 그 사람을 직접
   소련에 데려가
   강제수용소를 보여주어도
   믿기를 거부할 것"

2002년에 세뇌된 10대들이 정확히 20년 뒤 대한민국을 뒤흔드는 4050 맹목적 지지층이 된 것은 결코 우연이 아니다.

왜 원래대로 되돌릴 수 없는가? 공산주의 세뇌는 인간이 본래 지닌 도덕성, 이성, 판단 능력을 완전히 마비시키고, 그 빈터 위에 오직 '혁명'만을 위해 복종하는 기계로 인간의 뇌를 재건축하기 때문이다. 공산주의 사상에 매몰되면 인륜이나 도덕조차 혁명을 저해하는 거추장스러운 장애물로 전락한다.

최근 한 좌익세력 지지자가 "문통(문재인 대통령)이 설령 우리 부친을 칼로 찔렀다 할지라도 나는 그 분에 대한 지지를 철회하지 않겠다. 부모 잃은 슬픔보다 더한 슬픔 속에 살고 싶지 않기 때문이다"라고 쓴 소름 돋는 댓글은, 이 세뇌가 인간의 영혼을 어떻게 파괴하는지를 적나라하게 보여주는 현대판 광기다.

3. [2차 리허설] 광우병사태, 도둑맞은 분노와 내란의 예행연습

■ 이명박 정부를 무력화시킨 '광우병 거짓 선동'

2008년 5월, 이명박 정부가 대선 압승으로 출범한 지 불과 2개월 만에 대한민국 심장부 광화문은 대규모 물리적 충돌과 무법천지의 현장으로 변모했다. 최대 70만 명의 군중이 운집해 100일간 촛불을 들었던 이른바 광우병사태이다.

표면적인 이유는 미국산 쇠고기 수입 반대였지만, 그 내막을 들여다보면 특정 정치적 목적이 강하게 내재해 있었다. 이 거대한 대중투쟁의 기폭제는 4월 29일 방영된 MBC-PD수첩("미국산 쇠고기, 과연 광우병에서 안전한가?")이었다. 방송은 주저앉아 버둥거리는 소('다우너 소')를 거듭 보여주며, 이를 마치 광우병에 걸린 소처럼 묘사했다. 또한, 크로이츠펠트-야콥병(CJD)으로 사망한 미국 여성 아레사 빈슨의 영상에 방송 직전 임의로 'v'자를 추가해 인간광우병(vCJD)으로 사망한 것처럼 자막을 조작한 정황도 드러났다.

여기에 반미 반체제세력이 가세해 과학적 근거가 전혀 없는 유언비어를 조직적으로 유포했다. 당시 미국은 연간 3,000만 마리의 소를 도축하면서도 광우병 소가 단 한 마리도 발견되지 않은 상황이었음에도, 그들은 미국 소=광우병=미친 소라는 악성 프레임을 확산시켰다. "미국 소를 먹으면 뇌에 구멍이 뚫려 100% 죽는다", "라면, 과자, 생리대만 써도 감염된다"는 황당한 괴담이 대한민국 전역을 뒤덮었다. 이로 인해 극도의 불안감에 사로잡힌 어린 여중생들이 광장으로 뛰어나와 "죽기 싫어요. 나는 15살인데, 광우병 때문에 죽는 게 억울해요" 등 두려움을 호소하는 촌극까지 나타났다.

이는 언론의 단순한 실수가 아니었다. 훗날 검찰의 압수수색 결과, 해당 프로그램을 제작한 작가의 이메일에서 "출범 100일 된 이명박 정부의 정치적 생명줄을 끊어놓으려 했다"는 충격적인 고백이 발견되었다. 명백히 정권에 치명적인 타격을 가할 목적으로 기획된 왜곡 방송이 선량한 국민의 불안감을 악용했던 것이다.

■ 광화문의 내란사령부, '군자산의 약속' 세력의 귀환

거짓 방송을 불쏘시개 삼아 타오른 촛불은 순식간에 정부전복연합군의 조직적 난동으로 진화했다. 5월 6일, 민노총 건물 12층에 상황실을 차린 "광우병 국민대책회의"가 결성되었다. 진보연대 등 무려 1,800여 개 좌익단체가 총결집한 이 거대한 컨트롤타워는 시위대에 양초와 컵, "MB OUT", "너나 처먹어", "뇌송송 구멍탁" 같은 자극적인 피켓을 조직적으로 공급했다.

주목할 점은 이 광우병 대책회의를 주도한 핵심 인물들이 2001년 군자산의 약속(10년 내 정권 장악과 연방제 통일 결의)을 맺었던 전국연합 계열이었다는 사실이다. 그들은 경찰 차벽을 명박산성이라 조롱하며 밧줄로 끌어내렸고, 쇠파이프를 휘두르며 청와대 진격을 시도했다. 만약 경찰방어선이 무너지고 수십만의 시위대가 청와대에 진입했다면, 대통령의 신변은 물론 대한민국 헌정질서가 그날로 중단되었을 아찔한 사실상의 내란(정부전복) 예행연습이었다.

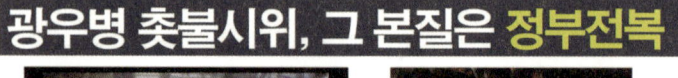

■ 보이지 않는 손, 북한의 선제적 지령

이 거대한 광장 폭동의 가장 깊은 배후에는 북한이 있었다. 놀랍게도 북한의 개입은 남한 내 촛불시위가 본격화(5월 2일) 되기 전부터 시작되었다.

북한의 대남공작 기구인 반제민전은 이미 4월 26일, "미 쇠
고기 수입 반대 투쟁을 통해 이명박 패당을 매장하자"는 지령
을 하달했다. 이후 북한 관영매체들은 "제2의 6월 인민항쟁
의 불길을 지펴 올리자", "파쇼적 탄압을 분쇄하고 최후 항복
을 받아내자"며 연일 구체적인 투쟁지침을 쏟아냈다. 남한 내
종북세력은 이 지령에 따라 움직이는 거대한 아바타 군단이
었던 셈이다.

■ 이명박 정부의 굴복과 3040세대의 좌경화

광우병 촛불시위는 대한민국에 치명적인 두 가지 상처와 후
유증을 남겼다.

첫째, 자라나는 청소년들의 뇌리에 강력한 반미(反美) 의식을
심었다. 당시 수행평가 점수를 미끼로 동원되거나 교복을 입
고 "죽기 싫다"며 울부짖던 중고생들은 2008년 6월 조사에
서 우리나라 안보에 가장 위협적인 국가 1위로 북한(24.5%)이
아닌 미국(28.4%)을 꼽았다. 그 학생 세대가 지금 대한민국의
중추인 30대 중후반에서 40대가 되어, 문재인·이재명 정권의
맹목적인 핵심 콘크리트 지지층으로 자리 잡고 있다.

둘째, 이명박 정부의 뼈아픈 사상전 포기이다. 대선에서 압

승했던 이명박 대통령은 대규모 광장 시위에 놀라 청와대 뒷산에 올라가 아침이슬을 부르며 눈물을 흘렸다고 스스로 고백했다. 대규모 광장 시위를 초기에 단호하게 대처하지 못하고 공권력이 허무하게 굴복하는 모습을 보인 것이다. 대선에서 압승하고도 촛불시위에 기선을 제압당한 정부는, 정부전복세력의 실체를 규명하고 제압할 황금 같은 기회를 놓친 채 타협적인 중도실용론으로 도피하고 말았다. 반면 광장투쟁의 달콤한 정치적 효능감을 확인한 반미 반체제세력은 자신감을 얻고 더욱 기세등등해졌다.

결론적으로, 2008년 광우병사태는 정권 타도라는 최종목표 달성에는 실패했지만, 거짓 선동과 군중시위로 합법정부를 마비시킬 수 있다는 확신을 심어준 정부전복(내란)의 2차 예행연습이었다. 그리고 이때 축적된 군중 동원과 투쟁의 노하우는 8년 뒤인 2016년, 박근혜 대통령 탄핵 촛불시위에서 더욱 정교하게 재현되며 마침내 우익정부를 완벽히 전복시키는 참사로 이어지게 된 것이다.

4. 박근혜 대통령 탄핵 촛불, 성공한 정부전복(내란)

2008년 광우병 촛불시위가 미완의 정부전복 시도였다면,

2016년 10월 시작된 박근혜 대통령 퇴진 촛불시위는 성공한 정부전복(내란)이었다. 다시 말하면 2016년 정부전복, 내란의 성공은 2002년 효순·미선 사건과 2008년 광우병사태 등 여러 차례 반복된 정부전복 및 체제전복 예행연습이 있었기에 가능한 결과였다.

■ 박근혜 퇴진촛불, 사전 기획된 내란

많은 국민들은 2016년 겨울의 촛불시위가 10월 24일 JTBC의 태블릿PC 보도에 분노한 시민들이 자발적으로 모여 일어난 우발적 사건으로 알고 있다. 그러나 이 거대한 사태의 이면에는 북한의 지령과 종북세력의 치밀한 사전 기획이 숨어 있었다.

시작은 북한이었다. 북한은 이미 2016년 3월부터 관영매체를 통해 박근혜 처단을 언급했고, 4월부터는 본격적으로 박근혜 탄핵을 선동하기 시작했다. 급기야 6월에는 남파 간첩들에게 지령을 내리는 난수방송을 16년 만에 전격 재개했다. 북한의 지령이 떨어지자 남한 내 종북세력도 일사불란하게 움직였다.

실제 박근혜 대통령 탄핵과정에서 민노총의 역할이 돋보였다. 10월 24일 JTBC의 보도가 나오자마자, 기다렸다는 듯 민노총은 홈페이지를 통해 속속 선전 문구를 담은 현수막과 전단지 시안들이 쏟아냈다. 곧이어 인터넷에는 시위 현수막과 피켓 등 시위용품을 만드는 업체들이 인터넷을 도배하다 시피하며 거대한 촛불시위 생태계가 톱니바퀴처럼 가동되었다. **이어 민노총 건물 12층에 시위를 이끌 투쟁본부를 설치하고 전체 촛불시위를 주도하는 시스템을 구축했다. 투쟁본부는 전교조 등 좌익단체들 가운데서 근무할 인원들을 차출하고, 박근혜 대통령 탄핵이 종료될 때까지 촛불시위 전체를 콘트롤하는 내전 총지휘부 역할을 했다.** 이미 수차례 대규모 촛불시위를 치러본 경험이 있었기에 가능한 치밀한 조직력이었다. 문재인 정권이 등장한 후 여러 언론을 통해 박근혜 퇴진, 문재인 정권의 등장은 민노총 덕분이라는 인터뷰들이 많았다. 그만큼 박근혜 대통령 탄핵시위에서 민노총의 주도적 역할이 컸음을 자타가 공인하는 것이다 .

사전 움직임은 민노총 만이 아니었다. 제도권 정당들도 발 빠르게 움직였다. 더불어민주당 내에도 이미 8월경 비밀리에 최순실TF를 설치하는 등 곳곳에서 박근혜 대통령을 중도에 끌어내리기 위한 준비작업이 진행되고 있었다. 그러므로 박근혜 대통령 탄핵사태는 우연히 일어난 것이 아니라 사전에 서로 치밀하게 연계되고 준비된 내란이었음을 추정케 하는 것이다.

■ 촛불세력, 초기부터 혁명정권 내세우다

10월 24일 JTBC 보도가 나간 직후인 10월 29일(토), 광화문 보신각 부근에서 첫 촛불시위가 일어났다. 이후 매주 토요일마다 광화문 광장의 촛불시위는 점점 규모가 커지며 그야말로 거대한 촛불 광풍으로 변모했다. 이는 단순히 대통령의 비리에 분노하여 우발적으로 모인 것이 아니라, 보수정권을 퇴진(정부전복)시키고 체제를 전복하려는 명확한 의도를 가진 조직적 세력이 주도한 기획이었다. 이것이 2002년 효순·미선 사건, 2008년 광우병 촛불시위와의 뚜렷한 차이점이었다. 이번에는 정부전복의 의도를 처음부터 노골적으로 드러내며 그 혁명적 성격을 숨기지 않았다.

촛불시위대는 초기부터 초법적이고 혁명적인 방법으로 대통령을 강제 퇴진시키려 했다. 첫 촛불시위가 일어난 지 불과 5일 뒤인 11월 3일(목), 박원순 서울시장은 시청 앞 시위대를 향해 박근혜 대통령을 하야시킨 후 정부를 해체하고 비상시 국회의는 초헌법적 기구를 구성하여 새로운 체제의 국가를 만들려는 의도를 드러냈다.

이어 11월 5일(토) 2차 촛불시위 당시 서울시청 앞에는 급기야 중고생들까지 동원되어 북한식 문구를 담은 "중고생이 앞장서서 혁명정권 세워내자"는 현수막을 들고 행진하는 섬뜩한 광경이 벌어졌다. 실제로 그날 밤, 일군의 시위대가 청와대 전체를 포위하는 이동식 시위를 벌였는데, 경찰방어선의 약한 고리를 기습적으로 돌파해 청와대를 점령할지 모른다는 심각한 우려까지 제기되었다. 그야말로 혁명전야 같은 분위기였다.

그러나 11월을 넘어서며 기독교진영과 우익진영이 연합한 맞대응 집회(11.6 서울역)가 열리고 이것이 점차 대규모 태극기집회로 확산되면서, 그들은 노골적인 과격 혁명노선을 잠시 접고 법적 외피를 쓴 탄핵 절차로 선회한 것으로 보였다.(새누리당 내 탄핵 찬성 배신자 발생이 주요인) 그러나 탄핵 국면으로 전환되었다고 해서 광장의 본질(정부전복 혁명)이 바뀐 것은 결코 아니었다.

■ 광화문광장, 드디어 광기의 킬링필드로 바뀌다

시간이 갈수록 광화문 광장의 모습은 점점 광기가 더해져 갔다. 그것은 중국의 문화대혁명이나 캄보디아 크메르루주 정권의 킬링필드와 같은 공산혁명의 해방구의 모습 그 자체였다. 그들은 이를 광장민주주의, 직접민주주의라고 떠들어댔지만, 실상은 체제전복을 꾀하는 공산세력의 혁명 진지와 다를 바 없었다.

결국 그들이 부르짖는 광장민주주의니 직접민주주의니 하는 것들의 진짜 정체는, 과거 6·25전쟁 당시 완장을 찬 좌익들이 동네 사람들을 모아놓고 무자비하게 처형했던 인민재판이자 그들이 추구하는 인민민주주의의 섬뜩한 본모습일 뿐이다

광장에는 박근혜 대통령을 처형하는 단두대가 설치되었고, 대통령의 목을 잘라 피 흘리는 모형을 장대에 매달아 끌고 다녔으며, 수의를 입혀 포승줄로 묶는 등 인간의 존엄성을 짓밟는 악마적 퍼포먼스가 난무했다. 이것은 평화 시위가 아니었다.

시위장에서는 "사회주의가 답이다", "이석기를 석방하라"는 체제전복적 구호가 적힌 풍선, 현수막이 나부끼고 곳곳에 이석기 석방 서명대를 설치하고 시위 참석자들로부터 서명을 받았다. 이들 시위의 배후에는 통진당세력이 있음을 알 수 있었다. 이것은 단순한 정권비판이 아니고 대한민국을 뒤엎으려는 명백한 내란의 현장이라는 것을 직감할 수 있었다.

서옥식 전 연합통신 편집국장의 글에 따르면, 당시 시위를 주도한 단체의 상당수는 국가보안법 폐지와 미군철수, 연방제 통일에 동조하는 이적단체 및 친북·반미 단체였다. 시위 현장에는 "중고생이 앞장서서 혁명정권 세워내자", "문제는 자본주의, 사회주의가 답이다", "양심수 이석기 석방" 등 북한의 대남 공산화전략 구호들이 난무했다. 심지어 광장의 군중들이 따라 부른 주제가 "이게 나라냐?"의 작사·작곡자는 과거 건국 이래 최대 공안 사건인 남한조선노동당 중부지역당 간첩 사건(1992)에 연루되었던 핵심 극좌 인사였다. **결국 당시의 촛불은 자유민주주의를 지키기 위한 수단이 아니라, 기존**

체제를 무너뜨리기 위해 기획된 체제변혁의 거대한 횃불로 작동했던 것이다.

▉ 헌법재판소, 광기 촛불에 굴복해 법치주의 버리다

촛불을 든 군중의 폭력성은 결국 국가의 심장부인 헌법기관들의 숨통을 조였다. 시위대는 청와대를 에워싸고 위협을 가한 데 이어 탄핵소추 권한을 가지고 있는 국회와 최종 심판을 내릴 헌법재판소를 차례로 포위해 물리적 위협을 가했다.

정치권도 이 광기에 편승했다. 문재인 당시 더불어민주당 대표는 "헌재가 탄핵을 기각하면 혁명밖에 없다"며 합법적 탄핵이 부결될 경우, 폭력적 정권교체를 불사하겠다는 등 공개적으로 헌재를 겁박했다. 시위대의 살기 어린 위협 속에서 헌법재판관들조차 "이 나라에서 살고 싶다"고 말할 정도로 공포스런 혁명 분위기가 지배하고 있었다. 결국 국회의원들과 헌재 재판관들은 법적 양심과 이성적 판단이 아닌, 군중의 겁박과 혁명 공포에 심리적으로 굴복하여 대통령 파면을 결정하고 말았다. 이것이 바로 광장민주주의 광장 인민재판인 것이다. 이후 이어진 형사재판에서도 박 대통령이 직접 뇌물을 받은 증거가 단 한 푼도 나오지 않았음에도 포괄적 뇌물죄라는 해괴한 억지 죄명까지 만들어져 30년이 넘는 중형을 선고하는 사법학살을 단행했다. 이 충격적 사태는 대한민국의 법치주의와 사법 정의가 그들이 그토록 부르짖던 광장 민주주의, 즉 그 실체인 인민민주주의의 광기에 의해 완전히 붕괴되었음을 적나라하게 보여준 결정적 사건이었다.

결국 2016년 촛불시위는 우발적인 시민혁명이 아니라, 북한의 지령 아래 종북좌익세력이 광장의 군중을 동원해 합법적인 정부를 마비시키고 정권을 탈취한 완벽하게 성공한 내란 모델이었다. 이 성공을 바탕으로 집권한 문재인 정권이 스스로를 "촛불혁명으로 태어난 대통령"이라 부른 것은, 자신들이 국민의 정상적인 선출이 아닌 혁명(내란)의 결과물임을 자인한 섬뜩한 고백이다.

5. 15년 촛불투쟁, 드디어 정부전복(내란)에 성공

■ 1,800여 개 단체를 통솔한 광장투쟁의 내란사령부

2002년 효순·미선사건, 2008년 광우병사태, 그리고 2016년 박근혜 대통령 퇴진 시위로 이어진 15년간의 촛불은 결코 시민들의 자발적이고 우발적인 모임이 아니었다. 이 거대한 광장투쟁의 배후에는 1990년대부터 노동·교육·언론 등 사회 각 분야로 파고들어 굳건한 진지를 구축한 좌익 조직들의 치밀한 연대력이 자리 잡고 있었다. 대규모 시위가 벌어질 때마다 민노총 건물에는 촛불시위 전체를 통제하는 종합상황실이 꾸려졌다.

2002년 500여 개였던 동참 단체는 2008년과 2016년에 이르러 무려 1,800여 개로 불어났다. 민노총과 전교조 등이 실무적인 조직과 지휘통솔 능력을 제공하며 군중을 동원하고 전체 행사를 일사분란하게 이끌었으며, 통진당(민노당) 등 반(反)체제 성향의 정당이 이들의 정치적 방패막이 역할을 수행했다. 그리고 그 최상층부에는 대남 선전·선동 지령을 내리는 북한의 공작망이 궤를 같이하며 존재했다. 즉, 세 차례의 거대한 촛불시위는 2001년 '군자산의 약속'에서 결의한 대중투쟁과 정권장악 마스터플랜이 광장에서 완벽하게 구현된 실질적인 대중동원형 체제변혁(내란) 시스템이었다.

■ 촛불혁명으로 태어난 대통령, "가짜보수 불태우겠다"

조직된 광장투쟁을 통해 권력을 획득한 문재인 대통령은 스스로를 "촛불혁명으로 태어난 대통령", "촛불혁명정권"이라 칭하며 헌법개정안 서문에까지 그 단어를 새겨 넣으려 시도했다. 그들이 부르짖는 촛불정신의 실체는 과연 무엇인가?

2017년 대선 직전 문재인 후보는 "가짜보수를 횃불로 불태우겠다"고 선언했고, 이해찬 전 대표는 "보수를 궤멸시키겠다"고 공언했다. 집권 후에도 문 대통령은 "20개월간 오직 촛불민심만 생각했다"며, 자신을 지지하지 않는 국민을 국정운영의 파트너에서 철저히 배제하는 계급적 정치관을 노골적으로 드러냈다.

이는 대한민국 국민을 명확히 둘로 쪼개는 이분법적 혁명관이다. 촛불을 든 자는 정의로운 국민(인민)이고, 태극기를 든 자는 궤멸시켜야 할 적폐세력(반동분자)으로 분류하는 전형적인 공산주의적 사고와 맞닿아 있다. 이는 6·25전쟁 당시 북한군이 마을 주민을 둘로 나누어, 좌익에게는 붉은 완장을 채워주고 우익에게는 반동분자 낙인을 찍어 무참히 학살했던 공산주의 특유의 계급투쟁적 분열전술과 정확히 일치한다. 결국 적폐청산이라는 명분하에 자행된 우익인사들에 대한 대대적이고 무자비한 사법적 숙청은, 그들이 부르짖은 촛불혁명이 자유민주주의의 수호가 아니라 실질적인 인민민주주의 노선을 내포한 치밀한 체제변혁(내란)의 과정이었음을 보여주는 가장 강력한 방증이다.

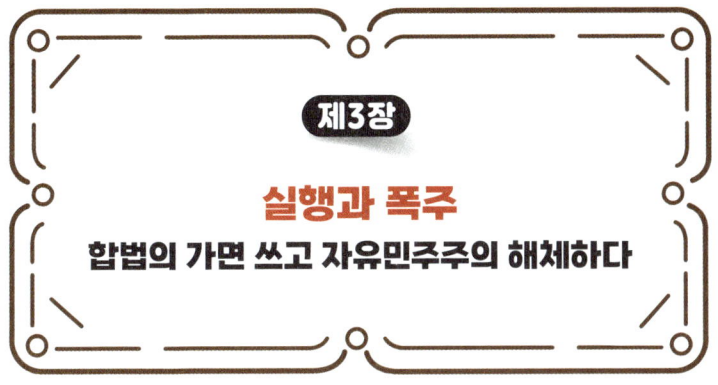

제3장

실행과 폭주
합법의 가면 쓰고 자유민주주의 해체하다

1. 문재인 5년, 국가시스템 통째로 교체한 합법적 내란

■ 선거로 위장된 정부전복과 4,025건의 입법 내란

문재인 정권의 탄생은 정상적인 민주주의 선거의 결과가 결코 아니었다. 그것은 2016년 겨울, 종북세력이 광장의 군중을 동원해 헌법기관(국회, 헌법재판소)을 겁박하고 법치주의를 무력화시켜 합법적 대통령을 강제로 끌어내린 불법적 정부전복의 결과물이었다.

문재인 대통령 스스로 유엔총회 등 국제무대에서 "나는 촛불혁명으로 태어난 대통령"이라고 공언하고, 헌법 개정안 서문에 촛불 시민혁명을 명시하려 한 것은, 자신의 집권이 정상적 절차가 아닌 정부전복, 혁명과 내란에 의한 것임을 스스로 자인한 섬뜩한 고백이다. 조기 대선을 치르고 정권을 장악한 것은 사실상 국가권력을 탈취한 내란의 완성 단계였다.

촛불시위와 조기 대선이라는 합법을 위장한 형태로 권력을 쟁취한 그들은, 이후 무력 혁명 대신 의회와 제도를 장악하여 합법의 외피를 두른 채 대한민국을 변혁하는 전술을 택했다.

그들은 2018년 초 개헌안을 통해 '자유민주적 기본질서' 용어에서 '자유' 단어를 삭제하기도 하고 기본권의 주체를 국민에서 외국인까지 포함될 수 있는 "사람(인민)"으로 바꾸려 시도했다. 이는 단순한 자구 수정을 넘어, 대한민국의 자유민주주의 정체성을 허물고 북한식 사람 중심의 주체사상 코드를 이식하려 한 명백한 체제변혁 시도였다. 그러나 국민들의 헌법개정 반대 여론에 밀려 겨우 무산되었다. 문재인정권은 헌법 개정에 실패하자, 법률과 명령, 조례 등을 통해 체제변혁을 하는 방향으로 선회했다. 법령으로도 얼마든지 체제를 변혁할 수 있기 때문이었다.

과거 북한 김일성이 토지개혁령(1946.3)과 중요산업국유화령(1946.8) 등 단 2개의 법령으로 공산화의 토대를 완성하고, 베네수엘라의 우고 차베스가 49개의 법률을 개정해 자유민주주의를 사회주의로 붕괴시켰듯, 문재인 정권 역시 '법(法)'을 체제전복의 강력한 수단으로 삼았다.

그들은 집권 5년 동안 무려 4,025건의 법률을 제정·개정했고, 지방 권력을 장악해 8만 건 이상의 조례를 제정·개정했다. 이는 단순한 행정 정책의 변화가 아니다. 방대한 법령과 제도를 뜯어고쳐 대한민국 국가시스템을 지탱하던 자유민주주의의 뼈대를 뽑아내고, 그 자리에 사회주의적·전체주의적 통제 시스템을 구조적으로 이식해 버린 '합법을 가장한 체제변혁(내란)'의 실행과정이었다. 총칼을 들지 않았을 뿐, 국회와 법전을 무기로 삼아 국가의 심장을 마비시키고 자유민주주의의 생명줄을 소리 없이 끊은 무혈 내란이었던 것이다.

■ 핏빛 숙청과 국민을 두 쪽 낸 내전적 이분법

이들은 정권을 잡자마자 적폐청산의 칼을 휘둘러 공직 사회를 핏빛으로 숙청했고, 소득주도성장과 탈원전 등 자유 시장경제 시스템과 국가 핵심기술의 근간을 파괴했다. 나아가 코로나19 방역을 핑계로 교회의 예배를 강압적으로 통제하는 등 헌법상 종교와 비판의 자유마저 억압하며 국가시스템 전반을 전면적으로 해체했다.

2. 국가의 방패 꺾고 국민인식도 개조하다

문재인 정권 5년의 체제변혁 시도 중 가장 치명적이고 돌이킬 수 없는 파괴는, 외부의 적을 막는 '물리적 안보 무장해제'와 내부 국민의 정신을 무너뜨리는 '적화 심리전(세뇌)'에서 일어났다.

■ 스스로 성문을 연 안보 무장해제와 체제수호망 파괴

문재인 정권의 안보정책은 적의 침략을 용이하게 만들어 주기 위해 스스로 성문을 열어젖히는 반(反)대한민국적 자해행위의 연속이었다. 2018년 9.19 군사합의를 명분으로 최전방 핵심 방어장치인 GP(감시초소)와 대전차 방어벽을 철거했고, 비행금지구역을 설정해 대북 감시의 눈과 귀를 우리 스스로 막아버렸다. 나아가 국군의 주적인 북한군은 '평화의 대상'으로 둔갑시키고 핵심 우방인 일본을 적으로 돌리며 군의 대적관(對敵觀) 자체를 없애버렸다.

더욱 치명적인 것은 체제수호의 최후 보루인 국가정보원의 대공수사권(간첩수사 권한)과 대정부전복 방지 정보활동 기능을 전면 폐지한 것이다. 이는 해외 정보망이 없는 경찰의 한계를 악용해 실질적인 국가안보 신경망을 해체한 조치로, 결국 반체제세력이 큰 제약 없이 활개 칠 수 있는 구조적 안보 공백사태를 초래했다.

■ 적을 친구로, 거짓을 역사로 바꾼 대국민 적화 심리전

제도적 안보 파괴와 동시에, 국민이 북한체제를 거부감 없이 수용하도록 고도의 적화 심리전(인지전)이 전개되었다. 평창 동계올림픽을 북한 체제 선전장으로 전락시켰고, 전 세계 정상들 앞에서 과거 통혁당 간첩사건의 주모자인 신영복을 "가장 존경하는 사상가"로 꼽으며 섬뜩한 사상적 커밍아웃을 감행했다.

이 무서운 심리전의 표적은 판단력이 채 형성되지 않은 다음 세대였다. 교과서 집필지침을 뜯어고쳐 대한민국의 정체성인 '자유'를 삭제하려 시도했고, 급기야 공영방송 EBS 교재 표지에 수백만 명을 학살한 수괴 김정은을 친근한 캐릭터로 그려 넣는 사태가 버젓이 일어났다. 이는 단순한 무지가 아니라, 다음 세대의 무의식 속에 적에 대한 경계심을 지우고 훗날 연방제 적화통일을 자연스럽게 수용하도록 세뇌하는 일종의 적화공작일 수 있다.

3. 이재명 정권, 입법독재로 가속적 체제전복

문재인 정권이 4,025개의 법률로 체제변혁의 레일을 깔았다면, 그 뒤를 이은 이재명 정권은 그 레일 위를 내달리는 브레이크 없는 폭주기관차다. 과거에는 대통령의 거부권(재의요구권)이 체제파괴를 막는 마지막 방패였으나, 권력을 강탈한 이재명 정권 아래서는 국가의 제어장치마저 무력화되었다. 이제 그들은 190석의 거대 의석을 흉기 삼아 대한민국을 체제파괴의 낭떠러지로 몰아넣고 있다.

■ 이재명, 대한민국을 어디로 끌고 가려는가?

버스가 어디로 향할지는 전적으로 운전사의 마음에 달려 있다. 국가의 운전사인 대통령을 뽑을 때, 그가 나라를 어디로 끌고 갈 것인지 목적지를 묻지 않고 표를 주는 것은 벼랑 끝을 향해 질주하는 미친 운전사에게 목숨을 맡기는 위험한 짓이다. 이재명이라는 운전사의 섬뜩한 목적지는 박근혜 대통령 탄핵 광풍이 불던 2017년 1월, 대권 도전을 앞둔 그가 직접 쓴 자서전 『이재명, 대한민국 혁명하라』에 명확히 기록되어 있다.

소름 끼치는 것은, 그가 이 책에서 가장 많이 거론하고 있는 단어가 바로 "적폐청산"이라는 용어이다. 이 책에서 제안한 정책으로는 주 54시간제, 공수처(고위공직자 비리수사처), 검경수사권 분리·조정(검수완박), 지방분권정책, 기본소득제, 탈원전, 전시작전권 환수 등의 기존 대한민국의 자유민주주의 체제를 파괴하는 정책들인데, 이후 문재인 정권에서 마치 복사기처럼 그대로 입법화되거나 강행되었다. 이는 두 세력이 단순한 선후배를 넘어, 자유민주주의 체제를 허물기 위한 '동일한 공산혁명 설계도'를 공유하고 있음을 증명하는 결정적 단서다.

나아가 그는 책에서 대한민국 건국(1948) 이래 70년(80년) 역사를 통째로 청산해야 할 '적폐의 역사'로 규정하며 대한민국의 태생 자체를 부정했다. 그 대안으로 "해방 후 우리가 합의했던 민주공화국의 가치가 살아 숨 쉬는 나라를 만들자"고 선동했는데, 이는 미군이 진주하기 전 조선공산당 거두 박헌영이 공산국가를 건설하기 위해 급조한 조선인민공화국(인공, 산하에 읍면동 별 인민위원회 설치)을 우리가 지향해야 할 진정한 국가모델로 삼겠다는 섬뜩한 사상적 커밍아웃이다.

대한민국은 적폐의 나라, 혁명해야

이재명, 대한민국 혁명하라

0 대한민국은 정부수립 단계에서부터 **첫 단추를 잘못 끼웠다.**"

0 "어떤 나라가 되어야 하는가? **해방 후 우리가 합의했던 민주공화국의 가치**가 살아 숨쉬는 나라를 만들자"

0 "**건국혁명**을 이루자

0 "**70년의 적폐를 청산해야 한다**"

0 "**해방 후 70여년 간 쌓인 적폐** 바로잡아야"

* "70년만의 대청산과 대전환을 완료하고 새로운 대한민국, 진정한 민주공화국을 완성하자"

■ 사법·시장·종교의 숨통을 끊는 체제해체 악법

더불어민주당과 이재명 정권은 190여 석에 달하는 압도적 의석을 바탕으로 자유민주주의 헌정질서를 무너뜨리는 입법 폭주에 돌입했다. 이들은 입맛에 맞지 않는 판사를 처벌하는 **법왜곡죄**(판사 처벌법)와 우익세력을 숙청할 현대판 인민재판소인 **내란전담재판부**(특별재판부)를 추진하며 사법부를 철저히 겁박하고 있다. 또한 부정선거 의혹 제기조차 10년 이하의 징역으로 틀어막으려 시도하는 등 영구집권을 위한 선거 조작의 빗장마저 열어젖히고 있다.

이들의 전체주의적 악법은 국가의 근간인 시장과 종교마저 무참히 해체하고 있다. 기업의 경영권을 박탈하고 파업에 면죄부를 주는 **노란봉투법**으로 시장경제를 벼랑 끝으로 내몰고 있으며, 급기야 정교분리 위반이라는 해괴한 명분을 씌워 언제든 교회를 강제 해산하고 재산을 몰수할 수 있는 **종교법인 해산법**까지 추진하고 있다.

이는 공산주의자들이 정권을 탈취한 직후 반대파를 숙청하고 기독교를 강탈했던 역사적 만행의 완벽한 재현이자, 합법의 가면을 쓰고 대한민국의 일상을 덮친 끔찍한 입법 내란인 것이다.

■ 200석 개헌과 '피의 숙청'을 향한 빌드업

이재명 정권이 비상계엄 선포 직후부터 윤석열 대통령과 국민의힘, 우익진영을 향해 지속적으로 '내란 프레임'을 씌우는 궁극적인 목적은 윤 대통령 개인의 처벌에 있지 않다. 우익정당을 철저히 분열시켜 개헌선인 200석을 확보함으로써 현행 자유민주주의 헌법 체제를 근본적으로 뒤엎는 데 있다.

이를 위해 이들은 내란 프레임으로 우익진영의 내부 분열을 유도하며, 5·18정신 헌법전문 수록 등을 내세워 개헌의 미끼를 던질 것이다. 그러나 헌법이 바뀌는 순간, 전두환 대통령을 반헌법정권으로 만드는데 그치지 않고, 이어 이승만·박정희부터 윤석열 정권까지 모조리 '독재와 적폐의 아류'로 도매금 넘어가게 되며, 대한민국의 자유민주주의를 지키려 했던 우파 세력 전체는 하루아침에 반(反)헌법세력, 반국가세력으로 전락하게 된다.

결국 트럼프 미국 대통령이 경고했던 합법적 '숙청과 혁명'의 단두대가 현실이 되는 것이다. 이것이 개헌을 통해 대한민국 건국과 산업화의 정통성을 파괴하고, 공산·사회주의 체제로의 영구집권을 완성하려는 '기획된 내란'의 섬뜩한 종착지다.

4. 마을권력 장악해야 영구집권 가능

인간의 몸이 수많은 모세혈관과 말초세포로 이루어져 있듯, 대한민국이라는 거대한 국가는 3,560여 개의 읍·면·동이라는 마을세포로 구성되어 있다. 지금까지 우리는 대통령과 국회라는 국가의 '머리(중앙권력)'가 누구의 손에 넘어가는지에만 온 신경을 곤두세웠다. 하지만 종북 좌익세력의 진짜 무서운 점은 중앙권력을 넘어, 우리의 일상과 가장 맞닿아 있는 하부 모세혈관(마을)까지 완벽하게 장악하려는 치밀한 계획을 실행에 옮기고 있다는 것이다.

자유민주주의 우익세력은 주로 위에서 아래로 세상을 바꾸려 하지만, 공산·사회주의 혁명세력은 언제나 가장 밑바닥의 세포 조직부터 점령하여 중앙을 집어삼키는 상향식(Bottom-up) 전술을 구사한다. 이들의 치밀한 전략은 이재명 전 성남시장이 2017년 1월 펴낸 자서전 『이재명, 대한민국 혁명하라』에 노골적으로 기록되어 있다. 그는 "진정한 변화는 바닥에서 이루어진다. 바닥의 변화가 없는 상층만의 변화는 모래 위의 성, 사상누각이므로 기초와 뿌리를 바꾸는 일에 투자해야 한다"며 이를 "꼬리를 잡아 몸통을 흔든다"고 명명했다. 이 말의 의미는 섬뜩하다. 대통령이나 국회의원 같은 중앙 권력은 선거를 통해 우익로 넘어갈 수도 있지만, 국가의 기초이자 뿌리인 3,560개 마을(읍·면·동)을 좌익세력이 완전히 장악해 놓으면 중앙정권이 바뀌어도 체제변혁의 토대는 결코 무너지지 않는다는 무서운 선전포고인 것이다.

그렇다면 이들이 마을을 장악해 궁극적으로 만들려는 세상은 어떤 모습일까? 그 끔찍한 해답은 남미의 베네수엘라에 있다. 우리는 경제가 파탄 나 국민들이 쓰레기통을 뒤지면서도, 왜 차베스와 마두로 독재정권을 투표로 심판하지 못하는지 의문을 가진다. 그 기막힌 권력 유지비결이 바로 좌익이 장악한 '마을권력'에 있었다. 차베스 정권은 친정부 좌익 마을통치 조직인 볼리바리안 서클을 전국 말단마다 구축하고, 국가의 막대한 예산과 식량 배급권, 복지 혜택을 나누어주는 권한을 동네 좌익활동가들에게 통째로 넘겨버렸다. 당장 생존이 시급한 국민들은 밥줄을 쥐고 있는 좌익 마을권력에게 철저히 경제적으로 종속되어 맹종하는 노예로 전락한 것이다.

이재명 정권이 전면 실시를 벼르고 있는 주민자치회의 진짜 목적이 바로 이것이다. 좌익 마을활동가들이 읍·면·동의 막대한 예산과 이권 배분권 등을 독식하게 만들어, 국민들을 생존을 위해 그들에게 굴종할 수밖에 없도록 옭아매는 것이다.

이렇게 주민을 철저히 통제하는 '한국형 베네수엘라 영구집권 모델'이 완성되면, 우익정은 영원히 등장할 수 없게 된다.

5. 전국 읍·면·동, 좌익 마을공화국의 꿈

이재명 정권은 드디어 지방 하부 읍·면·동 마을을 완전히 장악하기 위해 기어코 '주민자치회 전국 실시'를 법제화했다. 지난 3월 31일, 지방자치법 개정안이 기습적으로 통과된 것이다. 과거 문재인 정권이 전국 3,560여 개 읍·면·동 전체에 실시하려다 국민적 저항에 부딪혀 일부 시범 실시로 후퇴했던 그 악법을, 이번에 거대 의석을 무기로 전국 실시로 강행해 버린 것이다.

앞으로 대한민국 하부 읍·면·동 마을에서는 도대체 무슨 일이 일어날 것인가? 좌익 마을활동가들이 그토록 갈망하던 무소불위의 권력이 법적 날개를 달게 되었다. 이제 그들이 꿈꾸는 '마을공화국'의 실체가 무엇이며, 이재명 정권이 구상하는 마을 장악 정책의 숨은 흑막을 낱낱이 파헤치는 것은 국가 생존을 위한 최우선 과제가 되었다.

좌익 마을활동가들은 철저한 기획 아래 읍·면·동 단위의 통치권력, 교육권력, 경제권력, 치안권력을 완벽하게 장악하여, 마을 주민들의 일상과 경제, 나아가 의식까지 통제하는 '좌익 마을공화국(전체주의 시스템)' 구축을 본격화하고 있다.

이제 이들이 합법의 가면을 쓰고 우리 마을을 집어삼켜 들어가는 '4단계 권력 통제 구조'의 끔찍한 실체를 낱낱이 해부해 본다.

【통치권력】

주민자치회는 자치위원, 각 분과 등 조직을 통해 읍면동 전체를 콘트롤하며, 마을의 행정, 교육, 경제, 치안 등 모든 영역을 통괄할 것이다. 이들은 절대권력을 가지고 국가와 자치단체로부터 각종 업무, 자금 등을 지원받으며, 주민총회 등 주민들의 의견을 듣는다는 미명 아래 무소불위 권한을 행사할 것이다. 그야말로 인민민주주의시스템의 마을통치권력이다. 해방 직후와 6.25전쟁 때 마을에서 보았던 인민위원회의 부활이다.

이재명정부가 주민자치회 전면 실시를 법제화한 것과 관련, 이것이 가져올 읍면동 마을의 통치구조적 양상을 살펴볼 필요가 있다.

주민자치회, 가짜주민을 끌어들이는 진짜 이유

6·25 전쟁 당시 북한군이 남한을 점령했을 때, 주민들을 공포로 몰아넣은 것은 북한군이 아니라 붉은 완장을 찬 '동네 좌익'들이었다. 이들은 북한의 통치기구인 인민위원회'를 조직해 평소 알고 지내던 이웃의 성향을 파악하고 반동분자로 몰아 처형하는 무소불위의 권력을 휘둘렀다. 현재 좌익세력이 추진하는 주민자치회는 이웃이 이웃을 합법적으로 감시하고 통제하던 끔찍한 인민위원회의 부활이다.

주민자치회가 진정으로 무서운 이유는 '주민의 자격'을 파괴하여 가짜주민들을 대거 주민으로 받아들인다는 점이다. 즉 주민자치회, 마을경제공동체, 마을교육공동체 등 마을의 주도권을 좌익세력이 장악하도록 하기 위해 해당 마을에 실제 거주하지 않더라도 그 지역에 소재하고 있는 외국인, 기업, 각종 단체, 학교 등 구성원들을 모두 '생활주민'이라는 명분을 달아 주민 자격을 부여하고 있다. 이렇게 되면, 사업체의 노조원(민노총), 학교 교직원(전교조), 심지어 조선족과 중국인 유학생 등 외국인까지 집단으로 동원되어 마을 최고 의사결정 기구인 '주민총회'를 장악하게 된다. 더욱이 생업에 바쁜 '진짜 주민'들이 참석하기 힘든 평일 낮 시간에 주민자치회나 총회를 열어, 조직화된 '가짜주민'들이 마을의 권력과 예산을 독식하도록 치밀하게 설계한 것이다.

이렇듯 치밀하게 설계된 마을 통치시스템의 최종 목적은 단순한 동네권력 장악이 아니다. 마을(꼬리)이라는 가장 작은 단위부터 완벽히 점령해 들어간 뒤, 가짜주민들의 단결된 수적 힘을 바탕으로 우파 공직자들을 몰아내고 법을 멋대로 만들어 대한민국 국가시스템 전체를 밑바닥부터 뒤집어엎으려는 소름 끼치는 '상향식 체제전복(내란)'의 마스터플랜인 것이다.

좌익 마을활동가, 국가주도권 장악 의도

0 지방분권(풀뿌리민주주의) 표방

 - **좌익 마을활동가들**, 지방권력(마을-읍면동-기초-광역) 완전 장악

 - **입법, 행정**(지방행정, 자치경찰), **사법**(검찰, 법원)에도 주도적 영향력

0 직접민주주의 표방, 마을활동가가 입법권 개입 – 대의민주주의 무력화

1. **국민발안제 도입**(50만명 발의, 입법) : 좌익세력 입법기능 활성화

2. **국민소환제 도입**(국회의원 해임권) – 마을활동가, 국회의원 견제 가능

3. **연동형비례대표제** : 좌익운동권 국회 진입 루트

정부 (지방) / 국회 / 법원

선거제개편 / 지방분권

직접민주주의

좌익 마을활동가

(촛불) 국민 기반

■ **주민자치회의 외부지원기관과 연계 및 전체주의 시스템**

행안부가 주민자치회 법제화를 앞두고 실시한 여론조사 항목에는 "주민자치회를 전문적으로 도와주는 법인이나 단체가 필요하다"는 내용이 포함되어 있다. 우리는 이 대목의 숨은 흑막을 예의 주시해야 한다. 읍·면·동 단위의 작은 조직이 엄청난 예산과 업무를 관장하게 되므로, 필연적으로 외부 전문기관의 지원과 협력을 받을 수밖에 없다는 논리다.

이들이 말하는 '외부 전문지원기관 및 단체'의 실체는 두 가지로 요약된다. 첫째는 3,560여 개 모든 읍·면·동 주민자치회 전체를 지원하고 통제하는 전국 단위의 '마을공동체지원센터 (행안부 산하)'이고, 둘째는 지역 내에 포진한 각종 좌익 관련 단체들이다.

첫 번째 마을공동체지원센터의 지원을 받는다는 것은, 곧 전국 읍·면·동 주민자치회가 상부의 거대한 전체주의 시스템의 통제를 받게 된다는 것을 의미한다. 저자가 2021년 『주민자치기본법 공산화의 길목』을 출간했을 때, 한 사상 연구자로부터 "주민자치와 지방분권을 규정한 법안인데, 왜 집권적인 공산화라고 표현했느냐"는 항의를 받은 적이 있다. 겉으로 드러난 '분권'과 '자치'라는 포장지 배후에, 이토록 끔찍한 '집권적 전체주의 시스템' 구축이 준비되고 있다는 사실을 그조차 몰랐기 때문이다.

실제로 이 치밀한 통제시스템의 구조를 본 한 중국 행정 전문가는 "이건 완벽하게 중국 공산당의 지방통제제도와 똑같다"며 경악을 금치 못했다. 결국 저들이 말하는 '외부 전문지원시스템'의 진짜 목적은 자치 지원이 아니라, 전국 3,560개 읍·면·동 주민자치회를 공산당식 전체주의 통제·감시망에 영구적으로 옭아매겠다는 소름 끼치는 선전포고인 것이다.

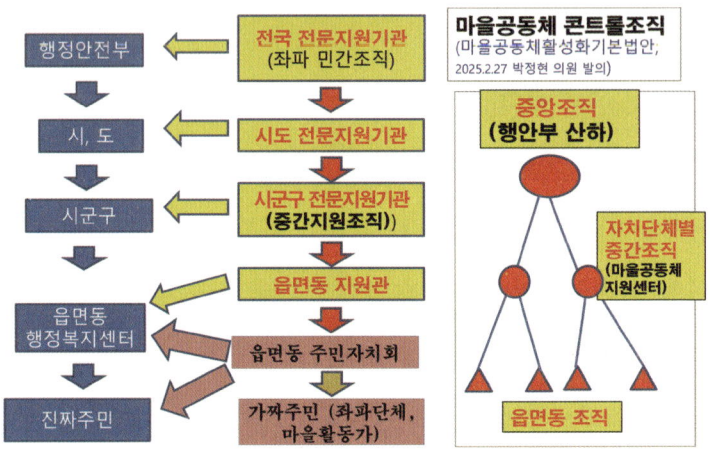

마을공동체 별도 컨트롤조직 (좌파 민간)

행정안전부 ← 전국 전문지원기관 (좌파 민간조직)

시, 도 ← 시도 전문지원기관

시군구 ← 시군구 전문지원기관 (중간지원조직))

읍면동 행정복지센터 ← 읍면동 지원관

읍면동 주민자치회

진짜주민 ← 가짜주민 (좌파단체, 마을활동가)

마을공동체 콘트롤조직 (마을공동체활성화기본법안, 2025.2.27 박정현 의원 발의)

중앙조직 (행안부 산하)

자치단체별 중간조직 (마을공동체 지원센터)

읍면동 조직

두 번째는 주민자치회의 막대한 업무와 예산을 외곽 좌익 조직들에게 위탁에 위탁을 거듭하며 넘겨주는 시스템으로 운영하겠다는 뜻이다. 쉽게 말해 업무를 외주 주면서 자기 식구들에게 돈을 퍼주는, 거대한 '부패의 다단계 고리'를 양산하겠다는 것이다. 무려 1조 원의 혈세가 시민단체 전용 ATM기로 털렸던 서울시의 다단계 악몽이, 전국 3,560여 개 읍·면·동으로 확산되는 대재앙이 현실화될 것이 분명하다.

■ 주민자치회, 주민정보 수집으로 전체주의 감시통제

더욱 끔찍한 것은 주민자치회가 행사하려 하는 무소불위의 '주민정보수집 권한'이다. 이들이 추진했던 법안(주민자치기본법, 김영배 발의, 2021.1)에 따르면, 주민자치회는 소속 주민들의 민감한 개인 신상정보(주민등록번호, 주소, 휴대전화 번호 등)를 경찰서장, 세무서장, 학교장 등 국가 및 지자체 기관장에게 마구잡이로 요구할 수 있다. 더욱 경악스러운 것은 "요청받은 기관은 이에 따라야 한다"는 강제 조항을 두어, 기관장들이 주민의 정보를 반드시 내어주도록 옥죄었다는 점이다. **이는 현행법상 국회의원조차 가질 수 없는 초법적 권한으로, 주민자치회가 소속 주민을 밀착 감시하는 전체주의 감시통제 체제를 구축하겠다는 섬뜩한 본색을 드러낸 것이다.**

비록 국민적 반발을 의식해 최근 다시 발의한 주민자치기본법안(2025.10)에서는 이 정보 수집 조항을 슬그머니 뺐지만, 이들이 다시 밀어붙이는 또 다른 법안(마을공동체활성화기본법안)에는 행안부 산하에 '마을공동체 종합정보시스템'을 구축하려는 흑막이 고스란히 담겨 있다. 결국 꼼수와 우회로를 써서라도 3,560개 읍·면·동 주민들의 모든 신상정보를 수집하여 북한 보위부식 대국민 감시망(현대판 인민위원회)을 기어코 완성하겠다는 의도다. 더욱이 읍·면·동 행정복지센터(동사무소)와 자치경찰이 주민자치회에 종속되면, 그들이 가진 개인 신상정보와 동네 골목마다 설치된 CCTV까지 모두 주민자치회의 감시 자산으로 악용될 여지가 농후하다.

이 끔찍한 전체주의 감시 통제의 가장 뼈아픈 표적은 바로 '교회'가 될 것이다. 우리는 이미 문재인 정권 때 감염병 예방이라는 미명 하에 국가권력이 교회의 출석과 예배를 억압했던 뼈아픈 경험이 있다. 만약 주민자치회가 전면 실시되면, 이제는 국가가 아니라 내 동네의 주민자치회가 좌익 주민(가짜주민, 촛불주민)들의 민원을 받아 소속 인력(인권분과, 환경분과, 아동분과 위원 등)을 동원해 교회를 밀착 감시하고 통제하게 된다. 기도와 찬송 소음이 심하다며 철거 및 방음 조치 민원을 남발할 것이고, 동성애와 이단 배척 설교를 '차별금지 위반'으로 몰아 예배와 교육을 억압할 것이다.

실제로 행안부가 주민자치회 법제화를 위해 실시한 여론조사 항목에는 성별을 묻는 질문에 '남자, 여자, 기타(제3의 성별 수용 의미)'를 넣고 "성별 별로 자치위원을 몇 % 할당제로 하면 어떠냐?"는 질문까지 등장했다. 이는 동성애 등 제3의 성을 지향하는 인물들을 합법적으로 주민자치회 위원으로 꽂아 넣겠다는 무서운 포석이다.

그러면 한국교회들은 해방 이후 북한교회들처럼 몇 년이나 더 버틸까? 마을 권력을 장악한 좌익들이 동성애와 차별금지법 반대를 외치는 교회를 가만히 둘 리 없다. 저항하면 다친다고요? 과거 2,000여 개가 넘던 북한교회들이 어떻게 하나도 남김없이 소멸되었는가? 김일성의 거짓선동에 놀아나 우호적이거나 방심을 하다가 6.25전쟁 당시 마을마다 처형장의 이슬로 사라지지 않았는가. 제2의 북한교회 참극을 막기 위해, 이제 모든 기독교인이 사생결단의 각오로 '대한민국 체제수호 활동(교인 대각성 및 깨우기운동)'의 최전선에 떨쳐 일어나야 할 때다.

[행정·치안 권력] 주민자치회, 견제 불능의 절대권력(동장·경찰도 종속)

주민자치회 법제화를 하면서 행안부가 내세운 중요한 정책 중 하나가 바로 동장 직선제이다. 3,560여 개 읍·면·동 동장을 직선하겠다는 것이다. 동의 행정 수장인 동장을 주민들의 직접 선거로 할 경우, 동장은 자연스럽게 지역 유권자를 컨트롤하는 자치회장과 주민자치회에 종속될 수밖에 없다. 그렇지 않아도 주민자치회가 읍·면·동 사무소와 같은 건물 내에 있기 때문에 서로 동화될 수밖에 없는 상황이다. 그러므로 주민자치회 전면 실시와 읍·면·동장 직선제는 읍·면·동 행정의 주민자치회 종속화를 가져올 것이다.

주민자치회의 실시는 자치경찰에 대한 영향력과 종속화도 심화시킬 것이다. 이미 문재인 정권은 2021년 7월 자치경찰을 실시해 40%를 국가경찰에서 분리, 독립시켜 놓았다. 이 자치경찰을 컨트롤하는 기구로 시·도 자치경찰위원회를 두었는데, 구조상 지역 내 좌익 인사들이 주도하는 구조로 만들어져 있다. 이러한 상태에서 읍·면·동 주민자치회가 법제화되면 자치경찰도 자연스럽게 주민자치회 조직의 영향력 아래에 들어갈 공산이 크다.

결국 주민자치회가 마을의 통치권, 행정권, 경제권, 교육권, 치안권까지 모두 통합 행사하게 될 경우, 관내 정부 기관들과의 밀착 관계로 철저히 토호화(土豪化)된다. 대한민국 국민들은 마을의 절대권력 앞에 노예적 존재로 전락할 것이다.

【교육권력】 마을교육공동체, 부모 양육권을 뺏는 전체주의 사상 교육
읍·면·동 단위로 구축되는 '마을 교육공동체'의 실상은 끔찍한 전체주의 사상 교육 시스템이다. 이들은 "한 아이를 키우기 위해 온 마을이 필요하다"는 감성적인 구호를 내세우지만, 그 숨은 목적은 부모가 가진 고유한 자녀 양육권을 박탈하고 좌익 마을 활동가들이 아이들의 교육과 사상을 통제하려는 것이다.

문재인 정권 당시 교육부가 내건 **"요람에서 무덤까지"**라는 섬뜩한 캐치프레이즈처럼, 이들은 유아원부터 초·중·고교, 도서관, 돌봄센터 등 마을의 모든 교육시설과 교사들을 하나로 통합 관리하여 교육의 주도권을 독점하려 시도했다.

특히 마을 교육공동체 지도자들이 "마을의 가치와 공동선을 훼손하는 일체의 자유주의적 개인주의를 반대한다"고 선언한 것은 이들의 공산주의적 본색을 노골적으로 드러낸 대목이다. 결국 3,560여 개 읍·면·동의 교육망을 통합해, 영유아부터 성인 주민에 이르기까지 '민주시민교육'이라는 명목으로 학생은 물론 학부모, 일반시민까지 전체주의 사상을 집단 주입하려는 무서운 의도를 가지고 있다.

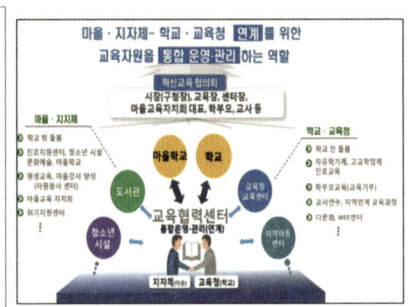

문재인 교육부, 마을공동체 교육 설계

2019.12 교육부 보도자료

0 **"요람에서 무덤까지"** : **영유아-학생-성인** 모두 교육(평생교육)
0 **"한 명의 아이를 키우기 위해 온 마을이 필요하다"** : **부모의 자녀 육아 권한 축소** ➡ **좌익 마을교육 활동가 권한 강화**

1. 모든 읍면동 교육기관 통합 관리(전체주의)
(감시감독 일원화)

2. 마을교육 활동가 주도
(학부모 양육권 축소 –
마을교육 활동가 주도)

3. 학생+주민들도 사상교육 실시
(유아교육-초중고-대학-
성인학교 등 평생 교육)

【경제권력】 주민자치회, 동네 상권을 덮치는 좌익 부패 카르텔

행안부가 주민자치회 법제화를 앞두고 실시한 여론조사에서도 나타났듯, 저들은 주민자치회가 기부금 징수, 기금 마련, 직접 수익사업까지 할 수 있도록 합법적 길을 열어주려 하고

있다. 구체적으로는 ▶주민자치기금을 마련한다는 명분 아래 기부금 제도를 실시하고(고향사랑 기부제 등) ▶각종 수익사업 (주민카페, 태양광발전, 지역특산물 판매 등 예시)을 하도록 하며 ▶ 마을기업·사회적기업·사회적협동조합 등 좌익형 기업들과 연계법인을 만들어 참여자들이 돈을 벌 수 있도록 하겠다는 입장이다.

이렇게 될 경우 나타날 치명적인 문제는 다음과 같다.

첫째, 읍·면·동의 최고 권력기관으로 자리 잡은 주민자치회가 직접 사업에 뛰어들어 국·공유지를 무상, 또는 저가로 대여받아 동네 카페, 식당, 공용주차장 등의 수익사업을 특혜로 운영하며 지역 상권을 집어삼키려 시도한다는 점이다. 그러면 정당하게 비싼 임대료와 세금을 내며 장사하는 일반 동네 자영업자들은 도저히 이들과 경쟁할 수 없어 생존권에 심각한 위협을 받게 된다. 가장 끔찍한 것은 이들이 합법을 가장해 일반 동네 자영업자들의 밥줄을 무참히 파괴한다는 점이다.

둘째, 주민자치회는 합법적으로 기부금을 받을 수 있도록 하는 것인데, 지역 내 기업들에게 사실상 강제적인 '기부금'을 뜯어낼 수 있으며, 해당 기업들은 무소불위의 최고 마을 권력 앞에 감히 거절할 수 없어 철저히 착취당할 우려가 크다는 점이다.

셋째, 주민자치회가 마을기업, 사회적기업, 협동조합 등과 연대법인을 만들어 돈을 벌도록 한다는 것인데, 마을통치권력을 쥔 주민자치회가 협동조합, 사회적기업 등 '좌익형 마을경제공동체'와 한 몸으로 융합되어, 온 동네의 이권과 혈세를 빨아들이는 끔찍한 '좌익마피아 집단(부패 카르텔)'으로 전락하는 것이다.

【부패 카르텔】 서울시의 악몽, 3,560개 읍면동으로 확산될 것

좌익 마을활동가들의 치밀한 '마을장악 기획'이 얼마나 끔찍한 결과를 낳는지는 이미 서울시의 사례에서 명백히 증명되었다.

2021년 9월, 오세훈 서울시장의 종합감사 발표에 따르면 박원순 전 시장 재임 10년간 마을공동체사업 명목으로 무려 1조 원 가까운 시민 혈세가 좌익 성향 시민단체들에게 지원되었다. **이들은 임기제 공무원으로 서울시 도처에 포진해 위탁에 위탁을 거듭하는 이른바 '시민단체형 다단계(피라미드)' 조직을 만들어 자기들만의 생태계를 구축했다.** 특히 지원금의 절반 이상을 인건비 등 자기 주머니 쌈짓돈으로 탕진하며, 서울시 곳간을 철저히 '시민단체 전용 ATM기'로 전락시키고 말았다.

단 하나의 지자체(서울시)에서 벌어진 마을사업의 부패상만 해도 이토록 참담한데, 이 재앙을 전국 3,560여 개 읍·면·동으로 확대한다면 과연 어떤 사태가 벌어지겠는가?

더욱이 마을내 영향력이 적은 마을공동체 사업조차도 이러한데, 읍면동내 통치권, 행정권, 치안권까지 모두 거머쥔 무소불위의 '절대권력 주민자치회'가 산하에 협동조합과 사회적 기업 등 경제공동체를 거느리고, 심지어 지역 주민들의 사상교육까지 통제하는 '완벽한 전체주의 마을공화국'이 전국에 3,560개나 세워지는 것이다.

가장 절망적인 것은, 이 막강한 읍·면·동 절대권력을 견제하거나 그 거대한 부패를 감시하고 비판할 장치가 대한민국 그 어디에도 전혀 없다는 점이다.

■ **1조원은 껌값, 175조 국가예산 노리는 '좌익 마피아소굴'**

더욱 경악스러운 것은 이들이 머릿속에 그리고 있는 '돈의 규모'다. 김영배 의원이 대표 발의한 주민자치기본법안(제13조)은 국가와 지자체가 주민자치회에 막대한 경비를 의무적으로 지원하고, 기부금과 수익사업까지 독식하게 만드는 합법적 강탈 면허증이다.

법안 발의 직후인 2021년 2월, 한 좌익 마을운동 지도자는 그와의 인터넷 방송에 출연해 "국가균형발전예산 175조 원의 30%(약 52조 원)를 전국 3,500개 읍·면·동 마을 기금으로 할당해 주어야 한다"고 공공연히 주장했다. 심지어 학계 일각에서는 175조 원 전액을 통째로 마을 기금으로 넘겨 수익금을 1/n로 나눠주자는 망언까지 버젓이 나오는 실정이다.

결국 서울시에서 10년간 빼먹은 1조 원의 혈세는 이들의 거대한 야욕에 비하면 장난 수준의 '껌값'에 불과했던 것이다. 만약 주민자치회가 전면 실시된다면, 전국 3,560여 개 읍·면·동은 수십조 원의 국가 예산을 거덜 내며 대한민국을 집어삼키는 통제 불능의 '좌익 마피아 소굴'로 영구히 전락하고 말 것이다.

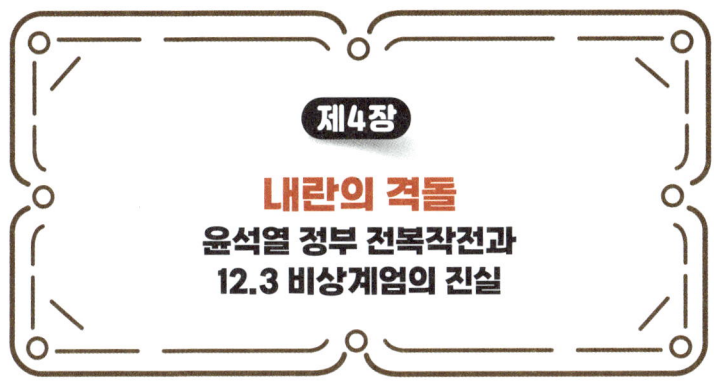

내란의 격돌
윤석열 정부 전복작전과
12.3 비상계엄의 진실

제1절　기획된 내란의 완성, 국회와 광장의 양동작전

더불어민주당과 종북 좌익세력이 윤석열 정부를 무너뜨린 방
식은 우발적인 정치공세가 아니었다. 그것은 북한이 지령하
고 종북세력이 2001년 '군자산의 약속'에서 결의했던 정부
전복과 체제변혁 전략의 완성판이었다. 그 전략의 핵심은 아
래로는 촛불시위를 통해 사회적 압박을 가하고, 위로는 제도
권 정당을 장악해 입법권력으로 국가를 마비시키는 투트랙
(Two-Track) 양동작전이다.

20여 년의 세월 동안 효순·미선사건, 광우병사태, 박근혜탄핵
사태 등을 거치며 진화한 이 승리의 공식은 이재명의 더불어민
주당 체제에 이르러 윤석열 정부를 향해 완벽하게 작동했다.

1. 윤석열 당선부터 기획된 내란, '북한 지령과 178회 촛불집회'

비상계엄은 탄핵의 원인이 아니라 명분일 뿐이다. 시계바늘을 뒤로 돌려 팩트를 추적해 보면, 윤 대통령이 끌어 내려진 것은 비상계엄 때문이 아님이 명백히 드러난다. 비상계엄이 아니었어도 그들은 다른 꼬투리를 잡아 탄핵을 관철했을 것이다. 윤석열 대통령에 대한 탄핵과 정부전복은 우발적 사건이 아니라, 이미 취임 전부터 북한의 지령과 남한 내 종북세력에 의해 사전 기획된 프로세스였다.

북한 공작기관인 문화교류국은 윤 대통령이 대선 후보로 확정된 직후(2021.11)부터 투쟁을 지시했고, 대선 승리 불과 12일 뒤(2022.3)에는 "가족과 측근들의 부정부패 행위를 집요하게 물고 늘어지며 압박공세를 강화해 윤석열 탄핵투쟁의 불씨를 지펴 올리고, 제2의 촛불항쟁 기운을 조성하라"고 구체적으로 하달했다. 대통령 공식 취임식도 열리기 전에 이미 북한에 의해 탄핵이라는 목표가 설정되어 있었던 것이다. 나아가 이들의 타격 목표는 "반혁명세력의 통치기관(윤석열 행정부)을 마비시킴으로써 정권을 장악하는 것"이었는데, 이 지령은 2024년 거대 야당인 더불어민주당 주도의 장관 줄탄핵과 예산 전액삭감이라는 입법통제 조치로 완벽히 현실화되었다.

이러한 북한의 지령에 따라 대선 직후인 3월 26일, 개혁과전환 촛불행동연대(현 촛불행동)가 급조되어 첫 탄핵집회를 열었다. 이후 이들은 12.3 비상계엄이 선포되기 전까지 무려 178회에 달하는 대통령 퇴진집회를 개최했는데, 민주당 인사들과 민노총 산하 조직들까지 합세하며 북한의 지령이 제도권 정당과 좌익 연합세력에 의해 조직적으로 수용되었음을 보여주었다.

가장 소름 끼치는 사실은 윤석열 대통령을 향해 쉼 없이 178회나 열리던 이 연합 촛불행사가 탄핵이 성사되자마자 일거에 자취를 감추었다는 점이다. 이는 광장 시위의 본질이 순수한 민심이 아니라, 오직 '대통령 탄핵(정부전복)'이라는 지령 완수를 위해 철저히 기획된 내란이었음을 그들 스스로 증명하는 완벽한 반증인 것이다.

2. 대통령 탄핵 기획 총선전략, "학익진(鶴翼陣)"

윤석열 대통령 퇴진을 위한 촛불시위는 총선과정을 거쳐 완전히 한몸처럼 작동했다. 광장과 국회의 연합작전(양동작전)이 일사분란하게 이루어졌다. 이것이 가능했던 것은 2024년 4

월 총선을 통해 한몸처럼 통합되었기 때문이다. 즉, 2024년 총선 당시, 제1야당인 더불어민주당은 비례대표 의석을 진보당에 3석, 새진보연합(기본소득당 등)에 3석, 그리고 장외 투쟁세력인 연합정치시민회의(촛불세력)에 4석을 배분했다. 제1야당이 자당의 의석을 장외투쟁세력에게 배분한 것은 이례적인 행보다. 이러한 행보의 실질적 목적은 거대 야당과 급진 좌익정당, 그리고 광장의 촛불세력을 떼려야 뗄 수 없는 하나의 정치적 운명공동체로 결속하기 위함이었다. 의석을 배분함으로써, 장차 대통령탄핵 국면이 조성될 때 일사불란하게 행동통일을 하도록 제도적 기반을 마련한 것이다.

결국 2024년 총선은 그 자체로 대통령을 퇴진시키기 위한 전선구축이자 기획된 내란의 사전 모의과정이었다. 저자가 만든 파워포인트는 2024년 더불어민주당의 공천과정을 보며 작성한 것이다. 당시 야권의 학익진 총선전략은 총선 이후 윤석열 대통령 탄핵을 위한 사전 준비작업으로서 운명공동체 만들기 작전이라고 누누이 강조했었다. 이후 대한민국 정국은 저자의 예측과 한 치의 오차도 없이 흘러갔다.

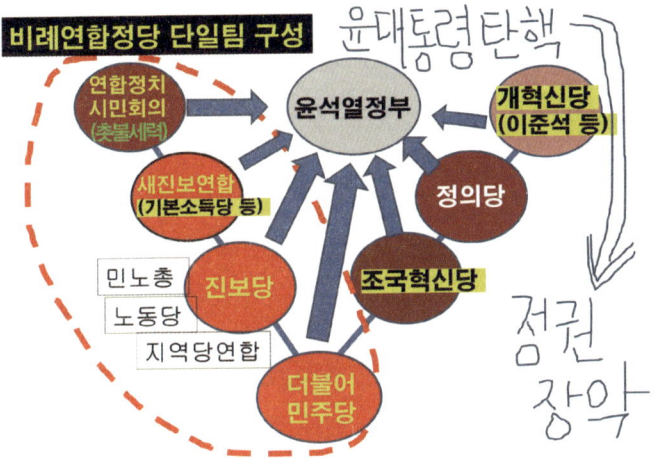

3. 190석 국회 독재, 국가기능 마비시켜 정부전복

총선에서 190여 석의 압도적 의석을 확보한 직후인 4월 13일, 5개 야당 연합과 촛불행동은 즉각 합동집회를 열었다. 이 자리에서 촛불행동 공동대표는 "윤석열에 숨통 틔워주면 안 된다. 틈을 주면 살아난다. 쉬지 말고 몰아치자!"며 정권퇴진 투쟁을 촉구했고, "윤석열 탄핵 그날까지 굳건하게 투쟁하자!"는 탄핵선동 구호까지 터져 나왔다.

이는 총선을 통해 의석을 나누어 가지며 완벽한 '한 몸'이 된 더불어민주당과 재야 촛불 세력이 대통령을 총공격하여 퇴진시키기 위한 본격적인 투 트랙(Two-Track) 양동 작전을 개시했음을 알리는 신호탄이었다.

광장 진지와 언론을 통해 벌떼처럼 소총을 난사하는 여론 공세가 쏟아지는 가운데, 국회 진지에서는 더불어민주당 중심의 거대 야당이 입법 권력을 무기로 윤석열 정부를 향해 융단폭격을 가했다. 이들은 행정안전부 장관, 방송통신위원장, 다수의 수사 검사와 심지어 헌법기관인 감사원장까지 30여 건의 무차별 탄핵을 쏟아냈다. 동시에 국가의 본질 기능을 유지하는 데 필수적인 특수활동비와 정부 예산을 전액 삭감해 버렸으며, 사법부를 압박하여 자신들을 향한 수사와 재판을 철저히 방해했다. 이것은 단순한 국회의 행정부 견제 범위를 완전히 넘어선 적대적 공격이었다.

광장과 여론을 통해 쏘는 벌떼공격과 국회라는 진지에서 퍼붓는 융단폭격의 양면 공격은 행정부와 사법부의 숨통을 끊고 국가시스템을 강제로 마비시켰다. 이는 대통령의 정상적인 국정운영을 불가능하게 만드는 실질적인 정부전복(기획된 내란)의 실행과정이었던 것이다.

4. 사전 그물과 토끼몰이, 계엄군 도착 전 국회 장악한 시위대

진짜 반란의 징후는 비상계엄 선포 직후 국회 현장에서부터 뚜렷하게 나타났다. 12월 3일 밤 10시 30분경 비상계엄이 선포되었고, 불과 1시간 반 뒤인 12시경 계엄군이 국회에 도착했을 때, 이미 수천 명의 민노총, 전교조 조직원들과 민주당 당직자들이 국회 경내에 꽉 들어차 집결해 있었다. 심지어 당시 비상계엄 대비 TF에서 활동했던 박선원 의원조차 자신의 책에서 "국회의원 190명과 시민 수만 명이 뭉쳐서 계엄군을 막아냈다"며 당일 밤의 거대한 동원 규모를 스스로 시인한 바 있다

한밤중에 선포된 지 불과 1시간 반 만에 수도권 전역에서 수천, 수만 명의 조직원들이 국회로 집결한다는 것은 사전 기획과 비상연락망 가동 없이는 물리적으로 불가능한 일이다. 이는 과거 광우병이나 박근혜 탄핵 촛불시위 때처럼 좌익의 사령탑이 비상계엄 상황을 사전에 예견하거나 유도한 뒤, 신속히 조직원들을 현장에 즉시 투입했음을 보여주는 대목이다. 결국 압도적 국회 권력으로 대통령을 한계 상황으로 몰아넣고 비상대권 행사를 유도한 뒤, 대통령을 함정에 빠뜨리기 위해 국회라는 거대한 그물을 미리 쳐놓고 '토끼몰이'를 했다는

증거이며, 이 사태가 사전에 치밀하게 기획된 반란임을 방증하는 것이다.

5. [소결론] 정해진 탄핵, 그리고 역산(逆算)된 내란

이 모든 팩트는 하나의 거대한 진실을 가리킨다. 비상계엄이 위법해서 대통령을 탄핵한 것이 결코 아니다. 그들은 **대통령 탄핵과 체제변혁이라는 목표를 100% 확정해 놓고, 그것을 관철하기 위해 국회와 광장 공세를 통해 대통령의 수족을 자르며 한계 상황으로 몰아가는 역산(逆算)의 공작을 펼친 것이다.**

그리고 그 공작 배후에는 북한이 아른거린다. 2001년 '군자산의 약속'을 통해 합법 정당에 침투해 정권을 잡으려 했던 것도, 2016년 광장 선동을 통해 박근혜 대통령을 끌어내리고 문재인 정권을 세운 것도, 그리고 2024년 190석 입법독재로 윤석열 대통령을 끌어내리고 이재명 정권을 세운 것도, 그 모든 내란 작전의 시작과 배후에는 언제나 대한민국 체제전복을 지령한 북한이 존재했다. 이것이 우리가 마주한 기획된 내란의 서늘한 실체다.

전교조, 자주시보; 미리 준비했나?

12.3 비상계엄 선포 직후 **국회에 모인 전교조** (어떻게 알았지?)

---

1. 비상계엄의 본질, 체제전복 막으려는 마지막 방어권

대통령의 비상계엄은 내란이 아니라, 국가체제의 붕괴를 막기 위한 정당한 방어권 행사였다.

■ "왜?"를 묻지 않는 사법살인, '현대판 인민재판'

어떤 재판이든 범죄의 유무를 가리려면 가장 먼저 "피의자가 왜 그런 행위를 했는가"하는 동기와 목적을 파악해야 한다.

그것이 사실인지 거짓인지를 규명한 후, 법적 정당성을 판단하는 것이 자유민주주의 사법제도의 기본 순서다. 그러나 윤석열 대통령을 향한 수사와 재판은 이 기본을 완전히 무시했다. 국민이 직접 선출한 국가원수가 도대체 왜 비상계엄이라는 극단적인 조치를 취했는지, 그 이유를 묻지도 따지지도 않았다. 헌법재판관과 특검, 재판부가 여론의 광기에 편승하여 국민으로부터 선출된 대통령을 즉각 내란범으로 낙인찍고, 일사천리로 파면한 뒤 사형을 구형하고 무기징역을 선고한 것이다. 이것은 정상적인 법치주의가 아니라, 6·25전쟁 때 행해진 인민재판과 다름없다.

정상적인 지능을 가진 대통령이 총알 없는 빈 총을 든 극소수 병력을 동원해 뜬금없이 비상계엄을 선포했을 리는 만무하다. 이제 우리는 흥분을 가라앉히고 냉정하게 질문을 던져야 한다. "대통령은 왜 비상계엄을 선포했는가?"

윤석열 대통령은 비상계엄 선포 당시 그 이유를 명확히 밝혔다. 그는 "자유민주주의의 기반이 되어야 할 국회가 종북 반국가세력에 장악당해 자유민주주의체제를 붕괴시키는 괴물이 되고 있다"며, 이들이 국회 권력을 남용하여 장관 줄탄핵과 예산 폭거로 행정부와 사법부를 마비시키는 행위 자체가

"내란을 획책하는 명백한 반국가행위"라고 질타했다.

대통령은 국가의 모든 정보망을 종합적으로 통찰할 수 있는 유일한 위치에 있다. 그런 그가 내린 비상사태 선언이 정당한지 여부를 확인하려면, 두 가지 팩트를 검증해야 한다. **첫째, 대한민국 국회가 종북세력에 장악당한 것이 사실인가? 둘째, 그 국회가 자유민주주의체제를 파괴하고 있는 것이 사실인가?**

이 사실관계가 입증되어야만 대통령의 비상대권 행사가 권력 연장을 위한 쿠데타인지, 아니면 붕괴하는 국가를 구하기 위한 정당한 방어권 행사인지 판단할 수 있다.

■ 무혈내란의 완성, 합법의 가면을 쓴 변종체제전쟁

사실관계를 직시하면 답은 명확하다. **첫째, 윤석열 대통령이 종북 반국가세력이 국회를 장악했다는데 사실인가?** 현재 국회를 주도하는 더불어민주당은 과거 전통적인 민주당과 다르다. 이재명과 연대한 경기동부연합, 한총련 등 진성 종북세력이 당의 주류가 되어 기존의 온건파 및 전대협 세력을 완벽히 제압했다. 이들은 2024년 총선을 통해 190석이라는 압도적 다수 의석을 확보하여 입법권력을 장악했다.

둘째, 국회를 장악한 그들이 정부전복, 자유민주주의체제를 전복하고 있다고 했는데 사실인가? 일반 국민들은 정부전복, 체제전복에 대한 이해가 부족하다. 정부전복, 체제전복은 무력 도발 속에서만 일어나는 것으로 잘못 알고 있다. 그러나 1990년대 동구 공산권 붕괴 이후 공산주의세력도 과거 폭력혁명 방식이 아닌, 자유민주주의 제도를 악용한 합법적 형태의 전술로 유연하게 진화했다. 선거를 통해 합법적으로 국회를 장악하고, 입법권과 예산권을 무기로 행정부와 사법부의 기능을 마비시키는 방식이다. 총 한 방 쏘지 않고 합법을 가장해 국가를 전복시키는 변종 체제전쟁이자 무혈내란인 것이다. 저자는 국정원에서 오랫동안 정부전복 현상을 냉정히 관찰했었다. 문재인정권이 체제전복을 위해 5년 동안 노력해온 그 모든 과정을 관찰하며 경고했었다. 그리고 윤석열 대통령을 제거하고 정권의 잡은 이재명정권이 체제 허물기를 얼마나 가속적으로 하고 있는지는 여러분이 목도하고 있는 바다. 이미 더불어민주당은 이미 제도를 통해 국가권력의 중추를 장악하고 대한민국 체제를 교체하고 있는 현란한 체제전복 세력이다.

대한제국이 을사오적에 의해 멸망하고, 남베트남이 내부에 침투한 간첩들에 의해 허무하게 무너졌듯, 내부의 적이 권력 중추를 장악할 때 국가는 가장 쉽게 붕괴한다. 윤석열 대통령은 2023년경부터 국회 등 국가 내부에 광범위하게 똬리를 튼 반국가세력(반대한민국세력)의 실체를 간파하고 있었다. 그래서 기회가 있을 때마다 진보세력으로 포장한 반국가세력의 실체를 비판하며 국민들에게 알리려 부단히 노력했었다. 그런 정상적인 노력만으로는 국가 붕괴를 막을 수 없다는 절박한 현실을 깨닫고 최후의 수단으로 비상대권을 발동한 것이다.

그러므로 총성이 울리는 전시 상황이 아니라는 이유로 비상계엄을 비난하는 것은, 지금 당장 눈앞에서 벌어지고 있는 진행 중인 내란의 끔찍한 실상을 전혀 보지 못한 무지의 소치다.

2. 내란 프레임의 허구, "총알 없는 2시간의 쿠데타"

■ 비상계엄이 쿠데타·내란이 아닌 원론적 이유

더불어민주당과 좌익 언론, 그리고 이에 동조한 수사기관들은 합동으로 대통령을 내란수괴로 몰고 무기징역 선고까지 이르렀다. 그러나 법리와 객관적 사실을 기준으로 볼 때, 이들이 씌운 내란프레임은 성립할 수 없는 허구적 주장이다. 그 이유는 다음과 같다.

첫째, 내란의 개념적 모순이다. 내란(內亂)이란 본디 정권을 갖지 못한 비집권세력이 정권 탈취를 위해 현 집권자를 향해 일으키는 무력반란을 뜻한다. 합법적 선거로 선출된 현직 대통령이 정권을 탈취한다는 것은 성립할 수 없다. 대통령의 비상대권 행사는 헌법 제77조에 명시된 통치행위로서, 거대 야당에 의한 국가마비사태를 타개하기 위한 헌법적 국가긴급권 행사일 뿐이다. 집권자가 스스로를 향해 반란을 일으켰다는 주장은 논리적으로 타당하지 않다.

둘째, 내란 및 쿠데타의 실행 요건이 결여되었다. 영구집권을 위한 쿠데타나 내란을 기획했다면, 다수의 무장 병력을 은밀히 동원하여 주요 진지들을 기습 장악했을 것이다. 그러나 윤 대통령은 TV 생중계를 통해 전 세계에 계엄 선포 사실을 사전에 알렸다. **현장에 투입된 병력은 약 280여 명에 불과했**고, 실탄이 지급되지 않은 비무장 상태였다. 국회 경내에 진입한 병력은 106명, **본관에 진입한 병력은 15명**이었으며, 이들은 국회의원을 체포하거나 위해를 가하지 않았다. 오히려 시위 군중에게 둘러싸여 폭행을 당하고 총기를 탈취당할 위험에 처했다. 이는 사전에 기획된 무력내란의 모습이라 볼 수 없다.

셋째, 헌정질서에 즉각 순응했다. 계엄 선포 불과 2시간여 만에 국회가 해제 요구 결의안을 통과시키자, 대통령은 즉각 군을 철수시키고 계엄을 해제했다. 세상 어느 독재자가 방송으로 "쿠데타를 하겠다"고 광고한 뒤, 총알도 없는 빈 총을 들고 들어가 단 2시간 만에 철수하는가? 이는 애초에 무력으로 국회를 제압할 의도가 없었음을 증명하는 물리적 증거다. 즉, 이것은 역사상 가장 허술한 쿠데타가 아니라, 국가 마비를 풀기 위한 통수권자의 가장 절박한 방어권행사였던 것이다.

■ 대통령의 항변, "내란이 아니라, 국민을 깨우기 위한 절박한 호소였다"

윤석열 대통령은 12.12 대국민 담화와 탄핵재판 및 형사재판 최후변론 등을 통해 비상계엄의 진의를 일관되게 항변했다. 그는 "국회의 반헌법적인 독재로 나라가 위기에 처해 있는데 주권자인 국민을 깨우는 일 이외에는 다른 방법이 없었다"고 명확히 밝혔다.

그의 절규를 진실로 믿어야 하는 이유는 명백하다. 종북세력이 국회를 장악하고 대한민국 체제를 무너뜨리려 한 혁명세력이라는 점이 부정할 수 없는 역사적 팩트이기 때문이다. 나아가 비상계엄 준비와 실행과정에서 나타난 너무나도 허술했던 정황들(실탄 없는 비무장 병력 투입, 2시간 만의 즉각 철수 등)이야말로, 이 거사가 권력 연장을 위한 무력 쿠데타가 아니라 오직 국민깨우기가 목적이었음을 스스로 증명하는 완벽한 물증이 되고 있다.

그러므로 그의 말대로 비상계엄은, 종북 반국가세력이 압도적 의석을 무기로 삼아 행정부와 사법부를 강제 마비시키고 헌정질서를 무너뜨리는 패악을 주권자인 국민에게 알리기 위해, 계엄의 형식을 빌려 쏘아올린 절박한 대국민 호소(SOS)이자 국민깨우기운동인 것이다.

3. 비상계엄의 또 다른 뇌관, 부정선거와 국제범죄 카르텔
■ 대통령의 결단, 선관위 성역화와 중국의 개입

윤석열 대통령이 비상계엄을 선포할 수밖에 없었던 또 다른 핵심 이유는 헌법상 독립기관이라는 방어막 뒤에 숨은 거대한 '부정선거 카르텔'의 실체를 파헤치기 위함이었다. 2023년 국정원의 "선관위 시스템 해킹 및 조작 가능" 경고에도 불구하고, 선관위와 대법원은 120여 건의 선거무효 소송을 지연·기각하며 철저히 한 몸통으로 진상 규명을 거부했다. **합법**

적인 감사나 수사로는 이 거대한 성역을 깰 수 없음을 절감한 대통령이, 결국 계엄군 투입이라는 최후의 강제 수단을 결단한 것이다.

더욱 충격적인 것은 이 부정선거가 단순한 국내 정치공작이 아니라 중국이 개입된 거대한 국제범죄였다는 점이다. 윤 대통령은 미국 측의 "한국 선거를 누가 주도하느냐"는 질문에 단호히 "화웨이"라고 답했으며, 비상계엄 당시 계엄군과 미군 정보기관이 수원 선거연수원을 급습해 수십 명의 중국인 해커를 체포했다는 보도까지 나왔다. 그럼에도 대통령은 현재 탄핵심판 과정에서 이 중국간첩단 문제를 폭로하지 않았다. "즉각 중국과 전면전(全面戰)으로 번질 수 있다"는 국가 안보적 파장을 우려해 홀로 십자가를 지고 고독한 침묵을 택했던 것이다.

■ 부정선거 국민관심 폭발, '음모론에서 사실론으로'

그동안 종북 좌익세력은 부정선거 의혹을 가짜뉴스와 음모론으로 짓눌러 왔다. 그러나 진실의 문은 마침내 열리고 있다. 최근 전한길 뉴스대표팀과 이준석 의원 간의 부정선거 토론이 실시간 시청자 30만 명, 하루 만에 조회수 500만 명을 돌파하며 전무후무한 폭발력을 보인 것은, 부정선거가 이제 소수 의견을 넘어 전 국민이 확신하는 명백한 사실론(事實論)의 영역으로 진입했음을 증명한다.

이 거대한 국민적 분노와 함께, 선거범죄에 대한 최종 심판은 미국 등 국제사회의 주도로 이루어질 가능성이 크다. 부정선거의 최대 피해자였던 미국 트럼프 대통령은 이를 단순한 선거 비리가 아닌 자유민주주의를 파괴하는 국제 범죄로 규정하고, 미 특수부대와 FBI를 동원해 베네수엘라 마두로를 체포하는 등 광범위한 소탕 작전에 돌입했다.

미국 조야는 이미 한국 선관위가 주도한 A-WEB(세계선거기관연합)이 중국의 부정선거 전파 공작에 활용되었을 가능성을 예의주시하고 있다. 머지않아 트럼프 행정부의 전 세계적 선거 범죄 네트워크 소탕의 칼날이 한국을 향할 때, 선관위의 실체는 물론 국제 선거범죄에 연계된 이재명 정권의 혐의도 드러날 것이다.

4. 기획된 내란의 콘트롤타워, 박선원과 붉은 정보망의 실체
■ 간첩 혐의자가 국가안보의 중추를 장악했던 사실

윤석열 대통령의 비상계엄을 내란으로 규정하고, 탄핵과 구속에 이르기까지 더불어민주당의 공세를 배후에서 기획하고 이끌어간 실질적 콘트롤타워로 박선원 의원이 지목되고 있다. 그가 거대 야당의 정보망을 주도할 수 있었던 배경을 이해하려면, 그의 과거 사상적 궤적을 추적할 필요가 있다.

노무현 정부 청와대 안보전략비서관으로 근무하던 2006년에는, 북한의 지령을 받은 일심회 간첩단 사건 당시 핵심 연루자로 국정원의 내사 대상에 올랐던 인물이다. 당시 국정원은 그가 빼돌려 북한으로 보낸 국가기밀이 A4 용지로 무려 80만 장 분량에 달할 수 있다는 첩보를 입수했으나, 노무현 정권의 개입으로 수사를 지휘하던 김승규 국정원장이 전격 해임되면서 진상규명이 중단되고 말았다.

이러한 반국가적 의혹을 받던 인물이 문재인 정권 들어 국가안보의 핵심 기관인 국정원의 예산과 인사를 총괄하는 기조실장과 제1차장 자리에 올랐다. 이는 대한민국의 체제수호 기능이 내부로부터 어떻게 무력화되었는지를 보여주는 단적인 사례다.

■ 치밀하게 사전 준비된 내란프레임 공작

그는 국회의원이 된 후, 국방위원회와 정보위원회를 겸임하며 자신의 국정원·국방부 인맥을 총동원해 윤석열 정부를 향한 전방위적인 정보 수집과 정치공작을 전개했다. 박선원의 저서 『결코 물러설 수 없다』를 보면, 그는 2024년 4월 총선 직후인 7월부터 이미 본격적인 대응 활동을 시작했다고 기술하고 있다.

그의 정보 활동은 진실 규명에 목적이 있지 않았다. 그는 사전에 윤석열 정부를 타도 대상으로 규정하고, "집권 2년을 넘어가고 총선에서 참패했기 때문에 영구집권을 위한 친위쿠데타를 자행할 것"이라는 프레임을 미리 설정해 두었다. 심지어 대통령실의 용산 이전조차 "계엄을 통한 영구집권 획책"으로 억지 규정했다.

특히 그는 북한의 수천 개 오물풍선 도발은 철저히 외면하면서, 이에 대응한 우리 군의 정당한 무인기 작전 과정에서 평양에 추락한 드론 한 대를 두고 "북한의 도발을 유도해 비상계엄의 명분을 만들려 했다"는 이른바 '제2의 북풍공작' 프레임을 씌웠다.

이 악의적인 논리는 훗날 야당 특검이 미군의 방어 핵심인 오산 중앙방공통제소를 무단으로 압수수색하며 윤석열 대통령을 '외환죄'로 엮으려 한 치명적인 국헌문란사태의 기반이 되었다. 나아가 이 사건은 단순한 해프닝으로 끝나지 않았다. 미군의 핵심 보안 시설을 함부로 압수수색한 이 사건은 트럼프 대통령이 이재명과의 양자회담에서 극도의 불쾌감을 표출하는 결정적 계기가 되었고, 결국 이재명 정권이 미국 정부로부터 강력한 항의와 뼈아픈 불신을 받게 되는 치명적인 외교 참사를 불러오고 말았다.

■ 비상계엄 당일과 이후, 내란 지휘한 사설정보기관

12월 3일 비상계엄이 선포되자, 박선원 의원실은 사실상 더불어민주당 내 정보 집결지이자 내란몰이 콘트롤타워 역할을 수행했다. 그의 책에 따르면, 의원실에는 국정원과 국방부 출신 보좌진들이 포진해 있었고, 이들은 현장 사진만으로도 투입된 부대가 특전사인지 수방사인지 즉각 식별해냈다. 박선원은 이 분석 결과를 보도자료로 배포하여 언론과 여론이 윤 대통령을 내람범으로 몰아가도록 이끌었다.

또한, 그들은 경호처 주변의 방어태세 등 극비 보안사항을 입수해 외부로 유출했고, 나아가 "압도적인 병력으로 밀고 들어가 제압해야 한다"며 경찰과 공수처의 대통령 관저 진입 및 체포 작전을 사실상 배후에서 선동하고 지휘했다. 이는 헌법이 보장한 국회의원의 합법적 의정활동 범위를 완전히 일탈한 것이다.

국가 공권력의 지휘계통에 개입해 현직 대통령의 불법 체포를 유도하는 등 일련의 행위야말로, 대한민국 헌정질서를 붕괴시키려 한 실질적 정부전복이자 기획된 진짜 내란 행위로 평가될 수밖에 없다.

5. 공수처와 경찰의 항명, '실질적 반란'

명백한 내란 행위는 대통령의 지휘를 받아야 할 공수처, 경찰, 검찰 등 수사기관의 행태에서 확인된다. 이들은 비상계엄 해제 직후인 12월 5일경 일제히 지휘계통을 이탈하여, 국가원수인 대통령을 내란 혐의로 체포·수사하기 위한 대규모 수사단을 신속히 구성했다.

대통령의 직무가 정지된 것은 12월 14일(국회에서 탄핵소추안 가결)**이니 12월 5일은 대통령의 헌법적 권한이 버젓이 살아있는 상태였다. 그런데도 대통령이 통솔하는 하부 수사기관들이 상관의 정상적인 승인도 없이 국가원수인 대통령 체포에 나선 것 자체가 이미 항명이자 반란의 시작이었다.**

나아가 직무 정지 이후라 할지라도, 내란죄 수사 권한이 없다는 공수처와 경찰 국수본(국가수사본부)이 수천명의 대규모 무장경찰 병력을 동원하고 장갑차와 헬기, 물대포 투입까지 고려하며 대통령관저 무력 진입을 시도했다. 하부 수사기관들이 정상적인 법 집행의 권한과 절차를 벗어나, 대규모 무장 병력을 이끌고 국가원수의 관저를 덮치고 체포해 압송하려 한, 이 막가파식 폭거야말로 국가 공권력을 사유화하여 벌인 명백한 실질적인 무장반란(하극상)이다.

그런데, 도대체 누구의 지휘 아래 공수처, 경찰이 일사불란하게 수사단을 만들고 무리한 국가원수 체포 행동에 나섰는가? 그 배후에는 더불어민주당이라는 거대한 반란 콘트롤타워가 자리 잡고 있었다.

더불어민주당 비상계엄 대비 TF를 주도한 박선원 의원실은 극비 보안사항을 유출하며 "압도적인 병력으로 밀고 들어가 제압해야 한다"고 공수처와 경찰의 무력 진입을 배후에서 선동하고 지휘했다. 또한, 경찰 고위직 출신인 이상식 민주당 의원은 관저 압수수색을 앞두고 "저희 당과 국수본(국가수사본부) 간의 메신저 역할을 하느라 전화기에 불이 났다"며 당과 경찰 수뇌부 간의 내통 사실을 스스로 자백하기까지 했다.

국가의 치안을 담당하는 경찰이 거대 야당의 지시에 따라 움직이는 조직으로 변모한 배경은 무엇인가? 이는 우발적 항명이 아니라, 더불어민주당이 오랜 기간 경찰조직을 통제하고 정치적 우군으로 편입시켜 온 조직화의 결과다.

첫째, 경찰 내 정치적 연계망 구축과 우군화이다. 더불어민주당은 치안 기관인 경찰에 대한 영향력을 확대하기 위해 지속적인 노력을 기울였다. 2012년 국정원 댓글 사건 수사 담당자 권은희, 2016년 친야당 행보를 보인 표창원, 2020년 울산시장 선거 개입 의혹과 연관된 황운하 등 경찰 출신 인사들을 지속적으로 공천하여 경찰 내부에 당과 연계된 거대한 인맥을 구축했다.

둘째, 수사권 집중을 통한 경찰 권력의 비대화이다. 문재인 정권은 국가안보를 담당하는 국정원의 대공수사권과 검찰의 수사권을 대폭 축소 및 박탈하여, 자신들의 우호 세력으로 재편한 경찰에 권한을 집중시켰다. 기존의 체제 수호 기능을 해체하고, 수사 권력을 독점한 경찰을 특정 진영의 정치적 목적을 수행할 수 있는 구조로 재편한 것이다.

셋째, 정당의 배후 통제와 수사기관과의 정보공유 일상화이다. 대통령관저 압수수색 당시, 경찰 고위직 출신인 이상식 민주당 의원이 윤 대통령 체포영장 만기를 앞두고, 당과 국가

수사본부 간 메신저 역할을 했다는 자백은 더불어민주당의 행태를 반증하는 것이다. 또한, 저자도 문재인 정권 시기 경남의 한 경찰서에서 작성한 우익단체의 집회신고 허가 공문서를 본 일이 있는데, 경찰서장 직인 하단에 더불어민주당 시당위원장의 도장이 찍혀 있는 것을 본 적이 있다. 이는 국가 공권력인 경찰이 특정 정당의 직·간접적인 통제와 영향력 아래 놓여 있음을 나타내는 증거다.

결과적으로 수사기관의 집단적 항명과 무력행사는 공수처나 경찰의 단독 결정으로 볼 수 없다. 이는 190여 석의 거대 야당이 경찰을 비롯해 국정원, 검찰, 군, 헌법재판소, 선관위 등 국가기관 전반에 구축해 둔 조직적 연계망을 가동한 것이다. 이들의 통제 아래 국가 공권력을 찬탈해 합법 정부에 항명하며 실질적 내란(혁명)을 일으킨 명백한 방증이다.

6. 내란 프레임을 조작한 의혹, 위증의 실체적 진실
■ 내란 프레임의 최대 수혜자는 누구일까?

형사사건 분석의 기본원칙 중 하나는 해당 행위를 통해 가장 큰 이득을 얻는 자가 주도자일 가능성이 높다는 점이다. 내란 프레임으로 윤석열 대통령을 처벌함으로써 가장 혜택을 보는 세력은 누구인가? 바로 정권을 잡은 더불어민주당이다.

이들은 오래전부터 대통령 탄핵을 주장했고, 그런 연장선상에서 대통령을 압박해 결국 대통령으로 하여금 비상계엄을 선포할 수밖에 없도록 만들었다. 그리고 대통령이 계엄을 선포하자, "그럴 줄 알았다"면서 신속히 내란수괴 프레임을 씌워 탄핵하고 조기 대선을 통해 정권을 장악했다. 대통령에게 내란 프레임을 씌워 체포하고 탄핵하고 대선에 이르는 과정 곳곳에서도 엄청난 모순과 허점을 드러냈으나, 압도적 여론과 힘으로 뭉개버렸다. 그러나 진실은 조금씩 드러났다.

■ 비화폰에 탄로 난 곽종근의 위증과 기획 시나리오

대통령 탄핵과정에서 내란 프레임을 덮어씌우는 데 가장 결정적인 근거를 제공한 사람을 꼽으라면 곽종근과 홍장원이다.

곽종근 특전사령관은 비상계엄 시 국회에 진입한 특전사 요원들을 이끈 지휘관인데, "대통령이 의원들을 끌어내라 지시했다"고 증언하며, 대통령을 내란범으로 규정하는 핵심적 근거 역할을 했다. 더불어민주당 내 비상계엄 대응을 주도했던 박선원 의원은 자신의 저서 『결코 물러설 수 없다』에서 "그(곽종근)의 진술은 내란 수괴 윤석열을 파면에 이르게 하는 결정적인 역할을 했다"고 스스로 평가했다.

그러나 곽종근의 진술 이면에는 사전에 치밀하게 조율된 것으로 의심되는 조작 정황이 존재한다. 12월 6일, 민주당 비상계엄 대비 TF 소속인 박선원 의원과 김병주 의원이 특전사령부를 방문해 곽 사령관과 개별 면담을 했다.

이 만남 직후 김병주 의원의 유튜브 방송에 출연한 곽종근이 "(대통령이 전화를 해) 요원들(공수부대 요원들 지칭)을 끌어내라 했다"고 무심코 발언하자, 박선원 의원이 이를 다급히 "의원 (국회의원 지칭)들을 끌어내라"고 정정해 주고, 곽종근이 이를 순순히 받아들이는 기막힌 해프닝이 생중계로 노출되었다. 이는 사전에 내란 프레임을 뒷받침할 진술 방향을 기획하고 입을 맞추었음을 그들 스스로 자백하는 결정적 증거이다.

이후 곽종근은 박선원이 정정한 내용대로 증언했고, 헌법재판소는 윤석열 대통령의 강력한 부인에도 불구하고 이 조작된 프레임을 진실로 수용해 버렸다. 나아가 언론을 통해 대대적으로 보도되면서 온 국민들도 이 거짓 프레임을 기정사실로 받아들이게 되었다.

그런데, 탄핵과 내란 혐의의 결정적 근거가 되었던 곽종근의 증언은 뒤에 형사재판 과정에서 대통령의 비화폰(보안폰) 통화 내역이 공개되면서 명백히 오염된 거짓증언임이 백일하에 드러났다. 곽종근이 윤 대통령의 지시를 받고 부하들에게 명령한 것이 아니라, 그가 독단적으로 부하들에게 지시를 내린 뒤비로소 윤 대통령과 통화한 사실이 과학적 물증으로 드러난것이다.

■ 홍장원의 가짜 메모와 사법부 기만극

내란 프레임을 뒷받침한 또 다른 요인은 홍장원 전 국정원 1차장의 '메모' 사건이다. 그는 허위로 의심되는 체포자 명단을 작성하여 마치 "대통령이 정치인들을 체포하라 지시했다"는 사실과 다른 내용을 유포했다. 이에 영향을 받은 한동훈대표 등이 탄핵에 동참하면서, 이 메모는 국회 탄핵소추 통과와 헌법재판소의 대통령 탄핵 결정을 관철시키는 결정적 근거로 작용했다.

박선원 의원은 자신의 저서에서 12월 6일 홍장원이 급하게만나자고 연락 온 상황을 묘사하며, 그를 "아마도 가장 멋진사나이, 홍장원"이라 지칭하는 등 국정원 수뇌부와의 긴밀한정보공유 관계를 드러냈다.

하지만 홍장원의 메모와 주장은 형사재판 과정에서 CCTV

영상 등 객관적 물증에 의해 사실이 아님이 입증되었다. 초기 메모가 인터넷에서 다운로드한 것임을 시인하는 등, 사법부와 국민을 기만한 위증의 실체가 확인되었다.

7. 진실 외면한 기획 재판과 사법부의 굴복
■ 사법부의 정치화와 편파 판결

헌법재판소는 윤석열 대통령 측이 곽종근 등의 증언 조작 가능성을 강력히 제기했음에도 불구하고 위증 정황이 짙은 증거와 한덕수 총리의 사실과 다른 진술(국무회의 부재 주장) 등을 여과 없이 그대로 인용했다. 사실관계에 대한 충분한 확인 절차 없이 8대 0이라는 폭력적인 전원일치 파면 결정을 내린 것이다. 나아가 헌재는 스스로 탄핵 사유에서 핵심 쟁점인 내란 조항을 슬그머니 삭제했음에도 불구하고 파면을 강행했다. 이는 해당 재판이 법리와 증거에 따른 객관적 심리가 아니라 처음부터 "윤석열 대통령의 파면"이라는 결론을 설정해두고 진행된 기획된 탄핵이었음을 스스로 증명한 것이다.

형사재판의 과정도 이와 유사했다. 재판 과정에서 내란 프레임을 뒷받침했던 곽종근, 홍장원 등의 허위 진술이 대통령의 비화폰(보안폰) 통화 내역과 CCTV 등 객관적 물증을 통해 사실이 아님이 백일하에 드러났다. 그럼에도 불구하고 대한민국의 사법 시스템은 이러한 실체적 진실을 철저히 배척했다. 특검이 윤 대통령을 내란범으로 규정하여 사형을 구형하고 재판부는 "계엄군이 국회에 진입한 것 자체가 내란"이라는 무리한 억지 논리를 내세워 무기징역을 선고했다. 심지어 사법부는 공수처가 내란죄를 수사할 법적 권한이 없다는 지적에도 불구하고 그 수사 권한을 인정하는 것을 판결에 무리하게 끼워 넣었다. 이렇게 사법부가 스스로 강포한 좌익 정치권력에 굴복함으로써 대한민국에서 80년간 유지해온 사법부의 독립성과 법과 양심에 따라 판결한다는 자유민주주의 사법정신이 사망했음을 의미한다.

■ 좌익의 겁박과 우익의 도피가 만든 사법부 좌경화

사법부가 이토록 편파적인 판결을 내리며 타락한 데는 하루 아침에 이루어진 것이 아니다. 지난 수십 년간 치밀하게 진행된 종북 좌익세력의 사법 진지 장악과 우익 법조인들의 이탈이라는 뼈아픈 구조적 원인이 존재한다.

첫째, 사법부의 좌경화와 법치주의의 혁명 도구화 경향이다. 오래전부터 "머리 좋은 대학생들은 데모에 내몰지 말고 고시

공부에 전념하게 지원하라"는 김일성의 지령(대남공작원과의 대화)에 따라 신림동 고시촌에 자금이 지원되고 이의 도움을 받은 이른바 김일성 장학생들이 법조계에 널리 퍼져 있다는 공공연한 소문이 사실로 굳어져 있다. 특히 1990년 전후부터 사법고시에 대거 합격한 운동권 출신들이 사법부 내로 진입하면서 민변에 의한 간첩 행위자 비호와 이상한 판결이 속출했다. 이제 누가 판사냐에 따라 판결이 180도 달라지고 법치주의가 체제수호의 제도가 아니라 좌익진영을 엄호하고 우익진영을 억압하는 정치적 투쟁 수단으로 변질된 것이다. 나아가 문재인 정권은 출범 직후 김명수 대법원장 체제를 통해 사법부 요직을 대거 교체했고, 헌법재판관 9명 중 6명을 친문·좌익 성향으로 임명하여 헌법재판 자체의 정치화를 초래하며 사실상의 사법부 장악을 완성했다.

둘째, 190석 거대 야당의 노골적인 판사 겁박과 사법부의 종속이다. 더불어민주당은 자신들의 입맛에 맞지 않는 판결을 하는 판사들을 향해 융단폭격을 가하고 검사와 판사마저 무더기로 탄핵 소추하며 사법부를 벼랑 끝으로 몰아넣었다. 광장의 촛불 군중과 국회 진지에서 쏟아내는 공포 분위기 속에서 폭풍처럼 불어닥치는 종북 좌익진영의 공세와 협박을 견

디지 못하고 쉽사리 법적 양심을 저버린 것이다.

결국 현재 사법부의 전복 현상은 좌익정권의 집요한 인물교체와 야당의 협박 때문이기도 하지만 체제전쟁의 현실을 외면하고 "더러워서 못해 먹겠다"며 개인의 안위만을 우선시해 공직을 이탈한 우익 법조인들의 뼈아픈 '사상전 회피'가 누적된 결과이자 법조계 내 체제전쟁의 슬픈 성적표라 할 것이다.

8. [소결론] 적반하장의 사기극과 진짜 '내란세력'

■ 삼권분립을 짓밟은 현대판 인민재판

이러한 끔찍한 사법 붕괴의 현실을 종합해 볼 때, 우리는 하나의 결론에 도달하게 된다. 윤석열 대통령을 내란수괴로 몰아세운 일련의 재판은 자유민주주의 국가의 정상적인 사법 절차가 결코 아니다.

객관적 물증(비화폰 통화 내역 등)과 피의자의 정당한 방어권은 철저히 배척되었다. 이는 입법부와 행정부를 장악한 거대 야당의 정치적 목적에 따라 수사기관과 사법부가 동원된 결과이며, 과거 6·25전쟁 당시 좌익세력이 반대파를 반동분자로 몰아 처형했던 현대판 인민재판의 구조적 재현에 가깝다. 이러한 일방적인 사법적 숙청은 대한민국을 지탱하던 삼권분립과 법치주의가 심각하게 훼손되었으며, 국가시스템 전체가 종북세력에 의해 실질적으로 전복(적화)되었음을 시사하는 결정적 지표라 할 수 있다.

■ [총평] 정권교체가 아닌 기획된 내란의 성공

이 모든 과정을 복기해 볼 때, 현 사태의 본질은 명확해진다. 비상계엄 이후 전개된 사태의 프로세스는 거짓 프레임 기획(박선원) → 허위 증언(곽종근·홍장원 등) → 진실의 규명(비화폰 등 객관적 물증) → 그럼에도 강행된 기획 탄핵과 사법부의 굴복이라는 치밀한 궤적을 보였다.

따라서 윤석열 정부의 붕괴는 우발적인 민심 이반이나 단순한 정치 갈등의 결과가 아니다. 이는 북한과 종북세력이 20여 년간 전개해 온 광장투쟁과 제도권 장악의 양동 작전이 일제히 결합하여, 합법적 정부를 무력화하고 전복하는 데 성공한 사전 기획된 내란이다.

윤석열 대통령은 헌정질서를 수호하려다 이러한 구조적 내란 공작에 의해 강제로 직을 상실하게 된 체제 수호자였다. 결과적으로 현재 정권을 장악한 이재명 정권은 민주적 선거의 정상적 승리자가 아니라, 장기간 치밀하게 준비된 수단을 통해 국가를 전복시킨 실질적 내란 정권이라는 역사적 심판을 피할 수 없을 것이다.

■ 체제위기를 일깨운 계몽령과 민심의 대역전

윤석열 대통령의 비상계엄 선포는 역설적으로 국민적 각성을 촉발하는 결정적 계기로 작용했다. 2030 청년세대는 비상계엄을 가리켜 체제 위기를 모르던 자신들을 깨웠다는 의미에서 계몽령이라 명명했다. 이는 종북 좌익세력이 국회를 장악하고 국가기능을 마비시킬 만큼 대한민국의 체제위기가 심각한 지경에 이르렀음을 국민들이 비로소 인지하기 시작했다는 의미다. 물밑에서 진행되던 공산화의 실상을 알리기 위해 대통령이 정치적 부담을 감수하고 발동한 비상계엄 조치는, 결과적으로 대한민국의 미래 세대인 청년층이 국가안보와 체제 문제에 위기의식을 갖게 하는 실질적 동기가 되었다.

물론 비상계엄 선포(12.3) 직후에는 야당과 언론의 전방위적 내란 공세 속에서 윤 대통령의 지지율은 1주일 만에 11%까지 하락하는 등 우익진영 내에서도 혼란이 극심했다. 그러나

12월 12일 윤 대통령이 대국민 담화를 통해 비상계엄의 목적이 "종북 반국가세력으로부터의 체제수호에 있었음"을 명확히 밝히면서 여론의 흐름이 변하기 시작했다. 사태의 본질을 인식한 국민 여론이 반등하여 12월 말에는 30%를 돌파했다. 이후 1월 초, 대통령 산하의 공수처와 경찰 등이 대규모 병력으로 자신들의 최고 지휘관(대통령)을 강제 체포하려는 끔찍한 하극상(항명) 사태를 목격하며, 다수의 국민은 현 상황이 단순한 정쟁이 아니라 국가전복이 우려되는 실질적 내전 상태임을 명확히 인식하게 되었다. 이에 따라 1월 중순 윤석열 대통령 탄핵 반대 여론이 50%에 육박하는 대반전이 일어났으며, 전통적으로 야당 지지세가 강한 호남 지역에서도 탄핵 반대 여론이 40%를 상회했다. 기독교계 일부도 관망 태도에서 벗어나 "SAVE KOREA" 등 체제수호를 위한 구국운동에 적극 나섰다.

이처럼 단기간에 여론이 급반전한 이유는 시위 현장의 구호에서 명확히 확인된다. 청년층과 깨어난 시민들은 "체제전쟁", "종북세력 척결", "공산화 반대", "자유민주주의 수호", "차이나 아웃", "Stop the steal" 등을 전면에 내세웠다. 이는 윤석열 대통령이 비상계엄 선포 시 경고했던 종북 반국가세력에 의한 자유민주주의체제 붕괴라는 구조적 위기를 국민들이 뼈저리게 공감하고 자각했음을 완벽하게 입증하는 것이다.

■ 트럼프 행정부의 사태 본질 직시와 국제사회의 각성

대한민국의 체제위기는 국내를 넘어 국제사회로 전파되었다. 고든 창 변호사 등 미국의 지식인들은 한국 내 체제 위기의 심각성을 미국 등 국제사회에 적극 공론화했다. 6.3 대선을 앞두고 존 밀스 전 국방부 대령 등은 직접 방한해 선거감시 활동까지 하고 한국의 심각한 상황을 미국 조야에 전파했다. 특히 트럼프 행정부 1기 출신 모스탄 대사는 7월 방한해 "윤석열 대통령을 내란범으로 규정하는 세력이 오히려 실질적 쿠데타 세력"이라며 좌익진영의 내란 프레임을 정면으로 비판했다.

이러한 국제사회의 인식은 미국 최고 통수권자의 발언을 통해서도 확인되었다. 2025년 8월 25일, 도널드 트럼프 미국 대통령은 이재명과의 양자회담 직전 소셜미디어를 통해 "지금 대한민국에서 무슨 일이 일어나고 있나? 숙청(Purge)과 혁명(Revolution)이 일어나고 있는 것 같이 보인다"고 언급했다. 이는 미국 행정부가 이재명 정권의 본질이 혁명세력, 체제전복세력임을 정확히 인식하고 있음을 보여주는 결정적 지표다.

■ [소결론] 살신성인으로 대한민국을 구한 고독한 결단

이렇듯 윤석열 대통령이 단행한 비상계엄은 한국의 2030 청년세대와 국민, 호남세력, 나아가 미국 트럼프 행정부에 이르기까지 이재명과 더불어민주당의 내란몰이 실체를 폭로하고 그들의 종북적 본질을 세계에 알린 수훈갑(首勳甲)이었다.

저자가 2024년 말 한 우익단체의 연말 행사에 참석했을 때의 일이다. 그 자리에는 2017년 박근혜 대통령 탄핵 심판 당시 변론을 담당했던 한 원로 변호사도 참석해 있었다. 과거 박 전 대통령 수사를 주도했던 윤 대통령에게 부정적 인식을 가졌던 그조차도, 12.12 대국민 담화를 시청한 소감을 이렇게 말했다.

"대통령이 정치적 타협을 택했다면 평탄하게 임기를 마칠 수 있었을 텐데, 굳이 자신의 정치적 생명을 걸고 국가의 체제 위기 실상을 국민과 세계에 알리려 한 것을 보니 그 진정성이 느껴진다. 이제 자유민주세력은 그를 적극 방어해야 한다."

그렇다. 만약 윤석열 대통령이 비상계엄을 선포하지 않고 적

당히 타협하며 임기를 마쳤다면, 대한민국은 냄비 속 개구리처럼 서서히 끓어올라 소리 없이 공산·사회주의 체제로 넘어갔을 것이다. 국가 존망의 체제전쟁 앞에서, 윤석열 대통령은 자신의 몸을 던져 대한민국의 위기를 세상에 알리고 벼랑 끝의 국가를 멈춰 세웠다. 이것은 실패한 쿠데타가 아니라, 살신성인(殺身成仁)의 정신을 몸소 실천하여 자유민주주의를 구한 위대한 구국의 결단으로 평가받아야 마땅하다.

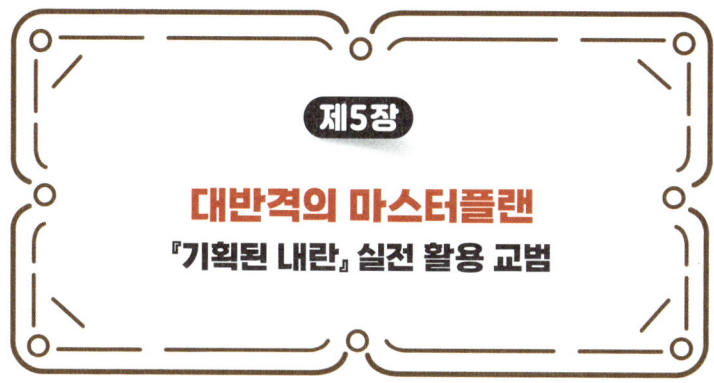

제5장

대반격의 마스터플랜
『기획된 내란』 실전 활용 교범

■ 우익진영의 치명적 오판과 5단계 체제변혁 시나리오

우익진영 일각에서는 비상계엄에 선을 긋고 윤석열 대통령 개인과 거리를 두면 당과 보수 진영은 보존될 수 있을 것으로 오판한다. 그러나 이재명 정권의 1차 목표인 대통령 내란범 처벌이 완료되면, 그 공세는 곧바로 국민의힘으로 향할 것이다. 그들의 내란 몰이는 대한민국 체제변혁이 완료될 때까지 결코 스스로 멈추지 않을 것이다. 그러므로 비겁한 도피와 꼬리 자르기라는 어리석은 환상에서 당장 벗어나, 배수진의 각오로 굳게 뭉쳐 싸워야만 우리 모두가 살 수 있다.

▶ **1단계 (대통령 제거와 정권 탈취)** : 비상계엄을 빌미로 대통령을 내란 혐의로 구속하고, 조기 대선을 통해 좌익 정권을 수립한다.

▶ **2단계 (우익진영 분열 및 내부 갈등 유도)** : 대통령을 내란범으로 확정한 후, 그 프레임을 우익진영 전체로 확대한다. "윤석열 대통령은 내란 주도자, 국민의힘은 내란 동조 정당(위헌 정당)"이라는 논리를 확산시켜 우익정당 내부의 분열을 유도한다. 실제 국민의힘과 그 지지층 간에 윤석열 대통령과의 절연을 둘러싸고 갈등과 분열 현상이 일어난다. 분열된 상태에서 지방선거가 대패하면 그 책임을 둘러싸고 더 큰 자중지란이 일어난다.

▶ **3단계 (개헌선 확보와 헌법 개정 발의)** : 국민의힘의 분열이 극심해지면 이탈자를 흡수하거나 위헌정당 해산 등 다양한 방법을 통해 개헌선인 200석 이상을 확보한다. 이를 통해 체제변혁의 내용을 담은 헌법개정안을 만든다. 이재명 정권의 헌법개정안은 과거 문재인 정권 때 시도했던 것보다 월등히 파괴적인 체제변혁적 내용을 포함할 것이다.

▶ **4단계 (헌법개정안 통과와 합법적 숙청)** : 헌법개정안 통과는 체제변혁의 대문을 여는 것에 불과하다. 새로운 헌법에 따라 본격적인 체제 바꾸기가 시작될 것이다. 수많은 법률과 명령,

조례 등 하위 법안들이 통째로 바뀌고, 이에 따른 수많은 정책이 뒤집힐 것이다. 국민의 투표로 헌법이 바뀌는 것이므로 그들은 이를 자유민주주의체제하의 합법적 절차로 위장할 것이다. 헌법 개정 이후, 자유민주주의체제를 수호하기 위한 우익의 저항운동은 졸지에 반헌법 세력, 반체제세력으로 몰려 탄압(숙청)을 받을 것이다.

▶ **5단계 (체제변혁과 연방제 통일 지향)** : 상당 기간의 체제변혁 과정을 거쳐 최종적으로 사회주의체제를 확립하고, 북한과의 연방제 통일(적화)로 나아갈 것이다.

결국 상황이 이러함에도 우파 진영이 대통령과 선을 긋고 소극적인 변명만 늘어놓는 것은, 이재명정권이 파놓은 5단계 체제 파멸의 무덤 속으로 스스로 걸어 들어가는 치명적인 자해행위다. 이제 도피를 멈추고 저들의 내란 음모를 국민 앞에 낱낱이 폭로하는 대반격에 나서야 한다!

제2절 중립은 없다. 100년의 사상전이자 영적전쟁

■ 본질은 정치투쟁이 아닌 사상전(체제전쟁)이다

현재의 위기는 여·야 간의 권력 갈등이나 특정 정치인 간의 대결로 국한되지 않는다. 이는 1948년 건국 이래 지속되어 온 공산주의와 반공 자유민주주의 간의 사상전이자 체제전쟁이다.

그럼에도 불구하고 사회의 다수 지식인, 공무원, 종교인들은 이른바 중립성의 함정에 빠져 있다. "새는 좌우 양 날개로 난다"는 궤변적 논리로 우익과 좌익을 동반자로 간주하며, 체제수호의 책임을 외면한 채 관망하는 태도를 취하고 있다.

좌익세력은 흔히 새의 양 날개에 비유해 좌익과 우익은 동반자라고 주장하면서, "왜 우익들은 좌익을 동반자로 생각하지 않고 척결만 외치느냐"고 항변한다. 새의 양 날개는 동일한 목적, 방향으로 협력해서 나아갈 때만 동반자인 것이다. 만약 양 날개가 다른 목적, 다른 방향으로 날아가려 한다면 그 새는 추락할 수밖에 없다. 이때 양 날개는 결코 동반자가 아니다.

대한민국 내 좌익과 우익도 동반자가 될 수 없다. 좌익은 대한민국의 자유민주주의체제를 무너뜨리고 공산·사회주의체제로 바꾸려 하고, 우익은 공산·사회주의체제를 거부하고 자유민주주의체제를 수호하려고 한다. 이같이 지향하는 방향이 완전히 다른데 어떻게 동반자가 될 수 있나? 절대 없다.

현재 대한민국 국민의 약 40~50%는 스스로를 중도층으로 인식하며 진보와 보수, 좌익과 우익 사이에서 기계적 균형을 유지하려 한다. 지식인과 종교인들 중에도 의외로 그런 인식을 가진 사람들이 많다. 그러나 체제전쟁의 본질을 직시할 때, 좌익과 우익 사이의 중립이란 곧 대한민국을 긍정하는 세력과 대한민국을 부정(변혁)하려는 세력 사이의 중립을 의미한다. 북한과 대한민국 사이에 있는 휴전선을 밟고서 "북한도 잘못되었지만 한국도 잘못되었다"는 식이다. 겉으로 보면 매우 균형적인 것 같은데, 사실은 북한을 이롭게 하는 행위이다. 왜냐하면 북한 김정은한테 가서 그런 말을 하는 것이 아니고 대한민국 우익을 향해 그런 말을 함으로써 우익의 체제수호 활동을 하지 못하게 하는 결과를 낳기 때문이다. 이는 체제의 붕괴를 사실상 방관하고 국가를 배신하는 자해 행위다.

각 영역별로 이 중립의 모순을 살펴보면 그 치명적 성격이 명확히 드러난다. **첫째, 종교인들의 경우, 신앙의 자유를 보장하는 자유민주주의체제와 이를 억압하는 체제 사이에서 중립을 지키는 것은 종교계 스스로 신앙의 자유를 포기하는 것과 같다.** 둘째, 교수 등 지식인들의 경우, 학문의 자유를 필수적 전제로 삼는 학자 및 지식인이 두 세력 사이에서 중립을 표방하는 것 역시 학문의 자유를 스스로 포기하는 모순적 행위다. 셋째, 공무원들의 경우, 헌법에 따라 국가 수호를 선서한 공무원이 체제 긍정세력과 부정세력 사이에서 정치적 중립을 명분으로 사상적 중립을 취하는 것은 국가 수호라는 본연의 사명을 저버리는 명백한 직무 유기다.

체제전복세력 앞에서의 중립적 태도는 관용과 균형이 아니라 국가안보에 대한 방관이자 외면이며, 대한민국 체제의 혜택을 보는 자신의 존재를 망각한 자기부정 행위이다. 사상과 이념의 본질을 외면한 비겁한 중도적 태도로는 현재 당면한 대한민국 자유민주주의체제 위기를 결코 극복할 수 없다.

특히 우리나라 국민들은 "누가 해주겠지", "설마" 하는 안일한 마음이 너무 많다. 더욱이 일반 국민들은 체제와 사상에 대해 무지한 비율이 절대적으로 높다. 지금 대한민국이 자유민주주의세력과 공산·사회주의세력 간 치열한 체제전쟁 중인데, '제3의 줄'이 없다는 사실을 너무 모른다.

특히 공무원, 지식인, 종교인, 경제인 등 이 체제에서 가장 큰 혜택을 누리고 있는 자들이 너무나 무관심하게 관중석에 앉아 구경만 하는 비겁한 태도를 취하고 있다. 지금 대한민국 상황이 이토록 악화된 근본원인은, 정작 목숨 걸고 체제를 지켜야 할 핵심 세력들이 체제수호에 모두 손을 놓고 방관했기 때문이다.

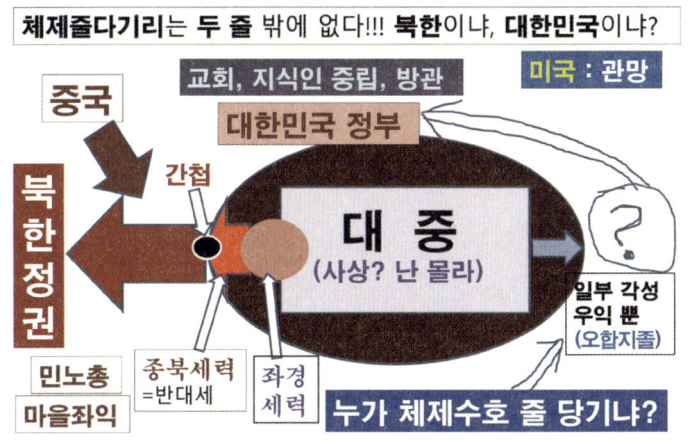

진보-보수 프레임 걷어내면, 체제전쟁

체제줄다리기는 두 줄 밖에 없다!!! **북한**이냐, **대한민국**이냐?

미국 : 관망

교회, 지식인 중립, 방관
대한민국 정부

중국

간첩

대 중
(사상? 난 몰라)

북한정권

?

일부 각성
우익 뿐
(오합지졸)

민노총
마을좌익

종북세력
=반대세

좌경
세력

누가 체제수호 줄 당기냐?

■ **정교분리의 거짓 프레임 부수고 영적전쟁에 나서라**

대한민국 자유민주주의체제를 지키기 위한 공산주의, 주체사상과의 체제전쟁은 단순한 정치투쟁이 아니다. 진리를 수호하기 위한 비진리와의 영적전쟁이다. 주체사상, 공산주의, 사회주의 등 반체제 사상은 단순한 경제이론(유물론)이나 정치이론이 결코 아니다. 이들의 본질은 하나님이 창조한 인간의 자유와 존엄성, 그리고 창조 질서를 철저히 부정하는 반종교적 사상(사탄주의)이다.

6.25전쟁을 겪었던 분들이 한결같이 "공산주의는 악마다"라고 절규하는 이유가 바로 여기에 있다. 공산주의가 악마의 사상이 아니고서야 어떻게 공산주의 70년 역사 동안 사람을 학살한 숫자가 1억 명을 넘을 수 있을까? 공산주의는 유물론을 표방하지만, 이는 마르크스가 자본주의 멸망론을 유도하기 위해 교묘하게 인용한 위장이론일 뿐이다. 마르크스의 내면에 깔린 기본 정신은 하나님과 인류문명을 파괴하려는 끔찍한 사탄주의다.

공산주의 본질은 사탄숭배다

공산주의 본질은 유물론 아닌 증오에 바탕한 사탄숭배다. (마르크스, 레닌, 스탈린, 모택동, 김일성 등) : 공산주의 70년 역사 1억명 이상 학살 (자본가, 지주, 반공주의자, 기독교인 증오, 학살 정당화)
- 공산주의(전향자 제외) 사랑, 관용은 **십계명 제1계명** 위반

** 리처드 웜브란트, **"MARX AND SATAN (마르크스와 사탄)"** (1976 출판, 2019년 번역본 출간)

주체사상은 전체주의 정치사상이자 **기독교 파멸 사탄종교**

국제···제철판
"주체사상은 세계 10대 종교" 미종교관련 통계사이트

한겨레신문
2019.10.19

기독교 21억명으로 최다...이슬람교, 힌두교 순

* **1위 기독교** 21억명, **2위 이슬람** 13억명, **3위 무교**, 11억명, **4위 힌두교** 9억명…

* 세계 종교사이트 : 어드히런츠닷컴

그런데도 많은 국민들은 그들이 덮어쓴 진보, 민주, 인권, 평등이라는 화려한 양의 탈에 속아 이들을 선한 세력으로 착각하고 있다. **다수의 종교인들조차 정교분리라는 거짓 프레임에 스스로 갇혀, 체제를 지키기 위한 사상전과 영적전쟁을 비겁하게 포기하고 있는 실정이다.**

헌법상 정교분리 원칙은 국가권력이 종교의 자유를 부당하게 침해하지 못하도록 막는 보호 장치이지, 공산화라는 체제변혁으로 인해 신앙의 자유가 근본적으로 위협받는 상황에서 **종교계가 침묵해야 함을 의미하는 것이 절대 아니다. 체제전복세력의 위협 앞에서의 침묵은 신앙의 자유를 스스로 헌납하는 자살행위와 같다.**

현재 대한민국 위기는 기독교계를 비롯한 모든 국민이 비겁한 수세적 태도에서 벗어나 체제수호의 최전선에 나서야 할 절체절명의 시점임을 강력히 촉구한다. 국가안보와 체제 유지의 벼랑 끝 위기 앞에서, 자유민주주의를 긍정하는 대한민국세력은 전체주의 지향세력의 사악한 모순에 맞서 확고한 사상적 무장을 하고 이 전쟁에 결사적으로 나서야 할 것이다.

1. 전세를 역전하는 역프레임전술, '수세에서 공세로'

■ 프레임전술의 비밀, "코끼리는 생각하지 마"

미국의 좌경 인지언어학자 조지 레이코프는 저서 『코끼리는 생각하지 마』를 통해 정치적 프레임의 특성을 설명했다. 이 책은 선거전, 정치심리전에 활용하기 위해 더불어민주당과 그 지지자들이 선거 때마다 필독서로 삼아온 좌익 성향의 핵심 정치 전략서다. 누군가 "코끼리는 생각하지 마"라고 말하는 순간, 듣는 사람들의 머릿속에는 오히려 코끼리의 영상이 떠오르는 인지적 특성이 있다는 것이다. 이것이 정치영역에서 유권자와 일반 국민의 인식을 선점하여 특정 관점을 부여하는 프레임(Frame)의 위력이다.

정치전쟁에서 승리하기 위해 자신들에게 유리한 프레임(인식틀)을 먼저 만들어 여하히 빨리 유권자와 일반 국민들의 머리에 심어주느냐가 관건이다. 이 이론의 핵심을 한마디로 요약하면 "대중의 뇌를 선점하는 자가 승리한다"는 것이다. 다시 말해, 특정 정치 프레임을 대중의 머릿속에 먼저 주입·정착시키는 쪽이 승리한다는 뜻이다. 왜 그럴까? 대중은 먼저 들어

온 프레임에 따라 사물을 보고 판단하기 때문이다. 뒤늦게 제시되는 정보는 아무리 '진실'이라도 튕겨져 나가기 쉽다. 지금은 때늦은 진실보다 발빠른 프레임(Frame)이 승리하는 이미지 전쟁의 시대다.

가장 주목할 점은, 상대가 그 프레임이 사실이 아니라고 반박·해명할수록 오히려 프레임이 더욱 강력하게 각인되는 역효과가 발생한다는 것이다. 즉, 프레임에서 벗어나려는 수세적 대응 자체가 프레임을 재강화한다. 그러므로 상대의 프레임 공격에 대해 자신 있는 반격 논리와 '대안 프레임'이 준비되지 않았다면 차라리 회피하는 것이 상책이며, 상대방의 가장 치명적인 급소를 치는 새 프레임을 만들어 역공(역프레임)하는 편이 훨씬 효과적이다.

여기서 가장 유의해야 할 점은, 이 교묘한 프레임전술의 표적에는 사상에 무지한 우경 정당의 지도부까지 포함된다는 것이다. 상대가 설정한 프레임의 덫에 걸려든 우경 정당 지도부는 두려움과 패배주의에 빠져 자당의 핵심세력인 우익인사 기피 등 수세적 도피에 급급하게 된다. 결국, 적군의 공세에 굴복하여 아군의 훌륭한 전투 자산(도태우, 장예찬 등)마저 스스로 쳐내는 비겁한 꼬리자르기를 자행하며 자멸의 선거전을 치르게 되는 것이다.

안타깝게도 그 동안 우익진영은 이러한 프레임전의 성질을 제대로 이해하지 못한 채, 상대가 실정한 프레임에 대해 "사실이 아니다"라고 반박하고 해명하는데 주력했고, 그럴수록 유권자와 일반 국민의 인식 속에는 오히려 상대의 프레임이 더욱 강력하게 각인된다는 심각한 오류를 반복해 왔다.

■ 정권심판론 프레임에 당한 뼈아픈 총선 참패

국민의힘이 2024년 4.10 총선에서 참패한 것은 총선백서를 만들며 지목한 '이념 과잉' 때문이 아니었다. 오히려 더불어민주당의 사상적 급소를 찔렀을 때 지지율은 폭등했다. 국민의힘에서 2월 말 잠시 "이재명 대표가 위헌 정당인 통진당 세력을 부활시켜 민주당을 통진당화하고 있다"며 강력한 사상 공세를 퍼부은 적이 있는데, 이때 국민의힘 지지율이 요동치며 46.7%까지 급등해 민주당(39.1%)을 오차범위 밖으로 크게 앞질렀다. "이념 공세를 퍼면 중도층이 이탈하여 선거에 진다"는 패배주의자들의 궤변이 팩트 앞에서 산산조각 난 것이다.

그러나 3월 초 이종섭 전 국방부 장관의 호주대사 임명을 기점으로 전세는 완전히 역전되었다. 더불어민주당, 좌익언론 등 좌익진영이 이 틈을 놓치지 않고 하이에나처럼 달려들어 '정권심판론' 프레임(그물)을 던지며 국민의 눈과 귀를 완전히 장악했다. 우익진영은 그들이 던진 그물에 갇혀 수세적 해명에 허우적거렸다.

민주당최고위원회의(3.11)

호주교민들, 대사관 앞 시위 (3.13, MBC뉴스)

민주당, 규탄성명 발표

결국 총선의 뼈아픈 대역전패는 이념이 과잉되어서가 아니라, 적의 프레임 공세를 단칼에 찢고 역공할 우익진영의 사상전쟁 역량과 전투력이 절대적으로 부족했기 때문에 발생한 참사였다. 그러므로 4.10 총선의 패배는 우익진영이 사상전을 포기해야 할 이유가 아니라, 오히려 뼈를 깎는 각오로 사상전 능력을 보강하고 결사적으로 무장해야 할 가장 절박한 이유인 것이다.

■ 좌익 프레임에 당한 우익진영의 자중지란

당시 우익정당 일각에서는 총선 패배의 책임을 이종섭 사태를 유발한 윤석열 대통령에게 돌리는 경향이 있었다. 그러나 좌익진영은 이미 채상병 특검, 김건희 특검 공세를 치밀하게 준비하고 있었으며, 대파론 등 온갖 소재로 '윤석열 심판론'을 부각하는 작전을 기획해 두고 있었다. 즉, 이종섭 문제가 아니었더라도 그들은 김건희 여사 문제 등 다른 꼬투리를 잡아 반드시 거대한 프레임 공세를 폈을 것이다. 따라서 좌익으로부터 공격을 당하는 윤석열 대통령을 공격하는 것은 오히려 적군으로부터 폭격당하는 아군의 진지를 자폭하는 자해행위였던 것이다.

좌익진영이 치밀하게 공격 소재를 찾아내 이슈화한 도태우·장예찬 후보의 과거 발언 논란 역시 마찬가지다. 우익정당 지도부는 적의 집요한 공세에 맞서 싸우기는커녕 패배주의와 불안감에 굴복하여 훌륭한 아군의 자산을 스스로 내치는 비겁한 꼬리자르기(공천 취소)를 자행했다. 적의 전략에 속수무책으로 말려든 이 끔찍한 사태는, 열성적으로 선거운동에 임하던 우익 유권자들의 끓는 열정에 찬물을 끼얹는 최악의 악수(惡手)가 되었다.

이 낙망스런 자해 행위의 대가는 참혹했다. 낙심한 우익 유권자들은 선거 독려를 멈추고 자포자기하며 심지어 투표장에 가지도 않았다. 대구·경북 지역 투표율도 크게 하락했고 수도권 박빙 승부처에서 근소한 차로 패배하는 곳이 많아졌으며, 결국 108석 밖에 얻지 못하는 참혹한 자멸을 불러온 것이다. 더욱 뼈아픈 것은 이 참혹한 자멸의 후유증이 이후 우익진영의 극심한 분열을 낳았고, 윤석열 대통령 탄핵이라는 국가적 초유의 사태까지 불러오며 지금까지 그 치명적 여진이 이어지고 있다는 점이다. 지금 더불어민주당 등 좌익세력은 바로 그 우익진영의 분열 요소를 교묘하게 악용하여, 궁극적으로 자유민주주의 대한민국 헌법 자체를 뜯어고치려는 체제변혁의 마각(馬脚)을 드러내고 있다.

우리는 이 참담한 패배를 통해 뼈저린 교훈을 얻어야 한다. 적이 던진 프레임에 혼비백산하여 자신들의 지휘관을 공격하고 동지를 버리는 행위는 스스로 무덤을 파는 짓이다. 이제 우익진영 정당 지도자들과 유권자들도 좌익의 교묘한 프레임 전략을 철저히 학습함으로써 전략적 마인드를 가지고 감정적 융단폭격과 내분을 즉각 멈추고, 이른바 '단일대오'로 맞서 싸우는 강력한 전투력을 갖춰야 한다!

■ 내란프레임 대응전술, '방패 놓고 역공하라'

12.3 비상계엄 선포 직후, 종북 좌익세력은 즉각적으로 "비상계엄은 내란이며 윤석열은 내란 수괴다"라는 프레임을 설정하고 대대적인 공세를 펼쳤다. 이에 대해 국민의힘과 우익 지식인들은 헌법과 법률을 근거로 "비상계엄은 통치행위이므로 내란이 아니다", "무력행사가 동반되지 않은 내란은 성립할 수 없다"며 방어적 해명에만 치중했다.

그러나 좌익세력이 내란 프레임을 제기한 이유는 그것이 법리적으로 내란 요건을 충족해서가 아니다. 윤석열 우익정권을 무력화하고 무너뜨릴 수 있는 가장 효과적인 정치적 무기이기 때문이다. 정부전복, 체제혁명 세력에게 절차적 합법성 여부는 전혀 중요하지 않다. 정부전복, 체제전복을 여하히 이룰 것이냐 목적이 중요하다. 따라서 "비상계엄은 합법이다"라고 아무리 논리적으로 해명하더라도 그들은 듣지도 않을 것이고, 오로지 국민들에게 내란프레임 심기를 중단하지 않을 것이다. 오히려 그런 반박 주장을 하면할수록 점점 더 그 프레임 안에 갇히고, 국민들에게도 내란 프레임을 더 깊게 심어줄 뿐이다.

개들도 자기 집 앞에서는 50점 따고 들어간다는 말이 있다. 남의 집 앞에서 싸우기보다 자기 집 앞으로 끌고 와 싸우면 이긴다는 것이다. 사상전도 마찬가지다. 상대방 마당(프레임)에 기어들어가 해명하며 싸우지 말고, 상대를 우리 마당(역프레임)으로 끌어들여 싸워야만 승리할 수 있다.

수세에 몰린 전황을 단숨에 뒤집기 위해서는 소극적 방어를 즉각 중단하고 상대의 모순을 정면으로 찌르는 치명적인 역공을 가해야 한다. 즉 우리에게 유리한 프레임(상대의 모순과 급소를 치는 프레임)을 만들어 역공하는 역프레임(Counter-frame) 전술을 적극 구사해야 한다.

우익진영은 "우리는 내란을 일으키지 않았다"는 수세적이고 비겁한 항변을 즉각 중단하고, 다음과 같이 공세적으로 논리를 완전히 전환해야 한다. "국민이 선출한 대통령의 수족을 자르고, 압도적 의석을 흉기 삼아 행정부와 사법부의 숨통을 끊어 헌정질서를 마비시킨 종북 좌익세력이야말로 실질적인 반란세력이자 진짜 내란범이다!"

대통령의 비상계엄 선포를 비겁하게 해명할 것이 아니라, 대통령이 그런 극단적 구국 결단을 내릴 수밖에 없도록 국가시스템을 선제적으로 붕괴시킨 종북 좌익세력의 기획된 입법내란을 집중적으로 타격하는 것, 이것이 바로 적의 숨통을 끊는 역프레임의 핵심이자 승리의 본질이다.

■ 급소를 집중 타격하는 송곳전술과 밑둥치전술

역프레임이 실질적인 폭발력을 발휘하려면 첫째 공격 역량을 한곳에 집중하고 분산시키기 말아야 하며(송곳전술), 둘째, 상대의 급소를 찾아 지속·반복적으로 공략해야 한다(밑둥치전술).

양동안 교수가 강조한 송곳전술처럼, 지엽적인 정책 논쟁이나 법리적 다툼(나뭇잎)에 귀중한 역량을 소모하지 말고 상대의 가장 치명적인 급소 하나에 화력을 온전히 집중해야 한다. 우익진영은 조직력과 투쟁 역량에서 좌익진영에 비해 열세에 있으므로, 분산된 타격으로는 결코 성과를 거두기 어렵기 때문이다.

저자 역시 오랜 기간 체제전쟁의 필승 방안으로 밑둥치전술을 지속적으로 강조해 왔다. 나무꾼이 도끼로 나무 밑둥치가 쓰러질 때까지 100번, 1000번 거듭해서 내리찍듯, 체제전쟁의 승리전략도 지엽적인 정책 논쟁이나 법리 다툼 같은 나뭇잎 따기, 잔가지 꺾기 수준의 논의에 역량을 소모해서는 안 된다. 오직 상대의 가장 치명적인 사상적 급소(밑둥치)를 정확히 찾아내어, 완전히 무너질 때까지 같은 곳을 지속적이고 반복적으로 타격해야만 한다.

그렇다면 종북 좌익세력의 가장 핵심적인 취약점(밑둥치)은 무엇인가? 바로 그들의 공산·사회주의 지향성(사상)이다. 국민들이 진보, 민주, 평화, 인권 등 화려한 거짓 포장에 속아서 그렇지, 그들의 사상적 실체를 정확히 제대로만 안다면 어느 누가 그들을 지지하겠는가?

실제로 2012년 4월 총선 때 국민들은 통합진보당을 10.3%나 지지했지만, 불과 한 달 뒤인 5월 통진당 내분 사태로 그들의 끔찍한 종북 실체가 적나라하게 드러나자 2개월 만에 지지율이 2~3%로 수직 급락했으며 지금까지도 회복하지 못하고 있다(통합진보당 후신 진보당의 현재 지지율도 1% 수준에 불과하다).

이제 체제수호의 최전선에 나서는 대한민국세력(대세 전사)들은 대중을 향해 복잡한 사안들을 구구절절 설명할 필요가 전혀 없다. 오직 명확하게 "지금 저들은 대한민국의 자유민주주의체제를 무너뜨리고 북한식 공산·사회주의 체제로 전환하려 하고 있다"는 본질적 팩트 하나에만 화력을 집중하여 지속적이고 반복적으로 전파해야 한다.

단, 여기서 결코 잊지 말아야 할 전술적 대원칙이 있다. 이 사상전의 궁극적 목적은 결국 '국민의 마음을 얻는 것'이므로, 날것의 과격한 방식을 들이대어 대중의 반감을 사서는 안 된다는 점이다. 내 자녀를 설득하는 애끓는 진정성을 품되, 사상적 용어가 낯선 청소년이나 중도층의 눈높이에 맞추어 가장 쉽고 다가서기 편한 언어로 지혜롭게 설득하는 '맞춤형 전파 전술'을 치열하게 연구해야만 완벽한 승리를 거둘 수 있다.

이러한 사상적 타격이 누적될 때, 진보라는 위선적인 정치적 수사(修辭) 뒤에 숨어 있던 종북 좌익세력의 붉은 실체가 마침내 대중 앞에 폭로될 것이다. 진실을 목도한 국민들의 대규모 지지 이탈이 일어나는 순간, 우리는 이 불리했던 전세를 일거에 뒤집고 완벽한 승리를 쟁취할 수 있다.

2. 우익정당의 전투적 환골탈태와 더불어민주당 해산 촉구

■ 전투적 이념정당으로 환골탈태하라

핵심 우익정당인 국민의힘이 좌익진영의 공세에 효과적으로 대응하지 못하는 핵심적 이유는 이념의 부재에 있다. 이들은 선거 국면마다 부동층(중도층)의 지지를 얻기 위해 우익적 가치를 유보하거나, 체제전쟁의 본질인 사상전을 회피하는 경우가 많았다.

반체제세력은 공산·사회주의라는 명확한 사상과 진지전 전략으로 무장하고 있는 반면, 우익정당은 사상적 기반 없이 표면적 실리만 추구하는 웰빙정당이란 오명을 쓰고 패배를 거듭해왔다.

이제 우익정당은 이념 부재, 웰빙정당의 오명을 탈피하고, 자유민주주의 국민들의 마음을 포용하는 대중정당이면서도 체제수호에 관한 한 이념 정당, 전투적 정당 성향을 회복하는 대한민국 정당으로 우뚝 서야 한다. 과거 천안연수원과 같은 당내 정치교육기관을 실질적으로 복원하여, 국회의원부터 일반 당원에 이르기까지 확고한 사상적 정체성으로 체계적으로 무장시켜야 한다. 그래야 전투적 좌익정당과 싸우면서 대한민국과 국민들을 올바른 방향으로 인도할 수 있다.

■ 내부총질을 멈추고 전투대형으로 일치단결하라

우익정당은 상대의 프레임 공세에 직면할 때마다 임시방편으로 조직의 핵심 인사를 희생시키는 비겁한 꼬리자르기를 관행처럼 해왔다. 12.3 비상계엄 선포 직후에도 "비상계엄에 반대했다", "대통령이 사과하고 탈당해야 한다"며 지휘관을 향해 등 뒤에서 내부총질을 가했고, 지금까지도 수시로 "비상계엄을 사과하자", "친윤과 절연하자", "중도로 가야 한다"며 사상전에 능한 전사들을 희생양으로 삼고 있다.

우익정당의 한 전직 당료는 그러한 당의 악습을 빗대 "마차와 하이에나" 이야기를 비유로 설명했다. "마차 안에 있는 사람들은 줄기차게 따라오는 하이에나를 떼어내기 위해 그 동료를 집어 던져 준다. 하이에나가 그를 먹는 사이 멀리 도망가는데, 다시 마차 가까이 따라붙으면 '이번에는 누구를 던져줄까' 돌아보다 한 사람을 잡아 또 던져준다. 이런 식으로 던져 주다 보니 결국 마차에는 아무도 남아 있지 않았다."

실제로 우익정당은 여론의 뭇매(좌익의 의도적 공세)를 맞는 지도자나 동료가 있으면 바로 던져주고 여론의 뭇매가 없어도 알아서 선을 긋고 배제한다. 반면 좌익정당들은 진영의 지도자가 어떤 공세를 받더라도 배척하지 않고 방어하는 결속력을 보인다. 그래서 모두가 사는 것이다.

작금의 대한민국 상황은 단순한 정치투쟁이 아니라 국가의 존망이 걸린 사상전이자 실질적인 내전(內戰)이다. 이 거대한 체제전쟁의 최전선에서 사활을 건 전투를 지휘하는 총사령관 (윤석열 대통령)이나 전사들을 엄호하기는커녕, 상대진영이 원하기만 하면 "당이 살아야 한다"며 그를 내던져 주는 악습을 빨리 버려야 할 것이다.

우익진영이 윤 대통령 개인을 버리고 선을 긋는다고 해서 종북 좌익세력의 공세가 중단될 것이라 믿는다면 큰 착각이다. 우익진영은 적을 이롭게 하는 내부 분열과 도피를 즉각 중단해야 한다. 전사를 버리고 자신들만 살겠다며 전선을 이탈하는 비겁한 군대로는 결코 전쟁에서 승리할 수 없다.

■ 아킬레스건 타격, '통진당화된 더불어민주당을 해산하라!'

방패로만 싸우는 수세적 방어전 만으로는 절대로 체제전쟁에서 승리할 수 없다. 더불어민주당은 끊임없이 "윤석열 대통령은 내란수괴(우두머리)", "국민의힘은 내란정당"이라고 옭아매는데, 국민의힘은 무엇으로 대응했나? "우리는 내란정당 아니다", "윤석열 몰아내자", "비상계엄 사과하자"라며 비겁한 회피와 도피로 일관했다. 이제는 방패를 놓고 창을 들어 당당히 역공해야 한다. "더불어민주당 너희들이 내란정당이다."

국민의힘=내란정당 ➡ 위헌정당 해산

정청래대표, "국민의힘 10번, 100번 해산감" (2025.8.5)

헌법 바꾸고 나면, 자유민주주의 체제수호 활동 **우익세력**을 **반헌법세력, 반체제세력, 반국가세력**으로 처벌할 것

우익진영은 체제변혁세력의 가장 핵심적인 취약점(종북사상)을 정면으로 타격해야 한다. 그 핵심 수단이 바로 더불어민주당 위헌정당 해산 촉구다. 현재의 더불어민주당은 과거 김대중·노무현 체제의 전통적 민주당과 궤를 완전히 달리한다. 2014년 헌법재판소에 의해 반국가 내란 혐의로 해산된 통합진보당(경기동부연합) 세력이 거대 야당의 주도권을 장악하며

현 지도부와 정치적 운명공동체를 굳건히 형성했다. 이는 대한민국 헌법 질서를 파괴하려는 혁명세력이 제1야당의 지위를 활용하여 국가기능을 구조적으로 마비시키고 있음을 의미한다. 더불어민주당의 가장 치명적인 취약점(아킬레스건)은 바로 이러한 위헌적 정체성에 있다.

따라서 우익정당과 애국세력은 대중을 향해 "위헌정당(통합진보당) 세력을 부활시켜 국가기능을 마비시키고 헌정질서를 전복하려는 거대 야당이야말로 즉각 해산되어야 할 실질적인 내란정당이다!"라고 강력히 선포해야 한다. 과거 통합진보당 해산을 통해 체제위협 요소를 제거했듯, 이제는 '통진당화된 더불어민주당'을 대상으로 한 범국민적 위헌정당 해산운동을 전개해야 한다. 이것만이 우익진영이 패배주의를 극복하고 국민의 신뢰를 회복하며, 위기에 처한 대한민국 정치지형을 정상화하는 핵심 전략이다.

나아가 우익진영이 이러한 확고한 체제수호의 의지와 투쟁력을 행동으로 입증할 때, 비로소 미국을 비롯한 국제 자유진영이 대한민국 체제수호세력을 굳건히 신뢰하고 적극적으로 연대할 것이다.

3. 프레임의 전환, 용어정명(正名)운동과 대세(大勢)운동

북한과 종북세력이 지향하는 궁극적인 목적은 무엇인가? 수단과 방법을 가리지 않고 정권을 탈취하여, 종북 공산주의체제(변종 공산주의 체제)의 나라를 완성하는 것이다. 이 끔찍한 목표를 달성하기 위해 그들이 사용하는 최고의 무기는 바로 대중의 이성을 속이고 마비시키는 지속적인 사상적 세뇌다.

대중을 속이는 가장 완벽한 기만술은 일반 국민이 열광하고 좋아하는 아름다운 용어들을 훔쳐 와 사기극에 활용하는 것이다. 레닌은 이를 가리켜 용어혼란전술(용어속임술)이라 명명했다. 실제로 전교조의 내부 투쟁지침에는 "용어전에서 승리해야 하고, 유리한 용어를 선점한다. 거짓말과 유언비어를 적극 활용하여 대중들의 이성적 판단을 철저히 혼란시켜야 한다"라는 소름 끼치는 문장들이 행동강령에 담겨 있다.

그들이 즐겨 쓰는 용어들에는 치명적인 함정이 숨어 있다. 진보, 민주, 자주, 평화, 민족, 통일, 인권, 환경, 복지, 참교육 등 겉보기엔 따뜻한 용어들 속에 치명적인 붉은 독성들이 가득 담겨져 있다. 대중을 낚기 위한 사상적 미끼(혁명 도구)인 것이다. 국민들이 이들의 숨은 의도를 모른 채 이들이 던진 용어들을 무비판적으로 사용하는 순간, 100% 그들이 쳐놓은 사상적 그물에 걸려든다.

그러므로 우리는 이들의 악한 속임수에 당하지 않고 사상적 최면에서 탈출하기 위해서는, 우선 이들의 실체가 국가를 전복하려는 정치사기꾼임을 정확히 직시해야 한다. 나아가 그들이 악용하는 거짓 용어의 진짜 뜻(암호)을 백일하에 폭로하고 바로잡는 정명(正名)운동을 전개해야 한다. 이 정명운동을 통해 사상적 최면에서 깨어난 국민들을 거대한 대세(대한민국 세력)의 깃발 아래 하나로 굳게 결속시킬 때, 우리는 이 체제 전쟁에서 마침내 완벽한 승리를 쟁취할 수 있다.

■ 집단전향 5분의 기적, "진보-보수란 이것이다"

종북 좌익세력이 퍼뜨린 기만적 포장 용어 중 가장 해악이 심한 독극물이 바로 진보-보수 프레임이다. 우익진영이 지난 수십 년간 선거와 사상전에서 참패한 치명적 원인 역시 종북 좌익세력이 치밀하게 조작한 이 프레임 때문이다. 1990년경 동구권 붕괴 후, 그들은 공산·사회주의라는 끔찍한 본색을 숨기고 대중을 포섭하기 위해 이 사기적인 프레임을 만들어 퍼뜨렸다.

그 결과, 일반 국민들은 "진보를 보다 나은 상태로 나아감"이라는 사전적 의미로 해석하고 순진하게 줄줄이 진보텐트로

들어갔다. 그리고 그들과 손을 맞잡는 순간, 반대편에 있는 보수텐트에 있는 사람들을 향해 "진보를 거부하는 수구꼴통"이라는 적대적 이미지가 미릿속에 박히는 것이다.

더욱 치명적인 것은 대중이 그들의 공산주의적 실체를 모른 채 좋은 세상을 만들려는 선한 사람들이라고 굳게 믿는 순간, 그들의 교묘한 혀 놀림에 의해 세상 모든 사물과 역사가 달라져 보인다. 이승만과 박정희는 독재자요, 전두환은 학살자요, 윤석열은 내란수괴가 되며, 급기야는 "대한민국은 태어나서는 안 될 나라"라는 반대한민국적 인식에 이르고, 결국 "혁명을 해야 한다"는 결론에 이르게 된다.

청년들의 경우, 특히 용어혼란 현상이 심했다. 저자가 과거 ROTC 대학생들을 대상으로 강의할 때, 무려 60%가 자신을 진보라고 답했다. 그러나 저자가 "정치·사상사적으로 진보란 자본주의를 멸망시키고 공산·사회주의로 가는 것을 뜻하며, 미국과 유럽에서는 이들을 사회주의자(socialist)나 과격 세력 (radicals)으로 부른다"는 뼈아픈 진실을 폭로하여 정명(正名)의 비수를 꽂자, 단 5분 만에 아무도 진보라며 손을 들지 않았다. 청년들에게 왜 진보에 손을 들지 않느냐고 묻자, "진보가 그런 건줄 몰랐죠"라고 말하며, 한결같이 허탈해했다.

이렇듯, 좌익세력이 사용하는 거짓포장술(용어혼란전술)의 실체를 파헤쳐 주자, 그동안 속아서 **진보텐트에 들어갔던 청년들이 일시에 탈출하는 '집단전향 5분의 기적'**이 일어난 것이다. 정치용어를 제대로 알림으로써 그간 청년들을 옭아매어 온 좌익들의 마법이 풀려버린 것이다.

공자(孔子)도 정치를 맡으면 가장 먼저 '이름을 바르게(正名)' 하겠다고 했다. 체제전쟁의 승리 역시, 좌익들이 왜곡한 정치용어를 국민들에게 폭로하고 진짜 뜻을 널리 알리고 기만적인 '양의 탈'을 벗겨내는 '정명(正名)운동'에서부터 시작된다. 우리나라가 이토록 좌익세력에게 속수무책으로 당해 온 근본

원인은, 정치사상 용어에 대한 철저한 무지(無知) 때문이다. 심지어 체제수호의 최전선에 나선 우익 운동가들조차 정치사상 용어의 정확한 의미를 제대로 꿰뚫고 있는 사람이 극히 드문 것이 냉혹한 현실이다. 따라서 이 치명적인 '용어 혼란의 덫'을 파헤치고 제대로 된 정치사상 용어를 완벽하게 학습하고자 하는 분들은, 한국 사상계의 최고 권위자 양동안 교수가 집필한 『한국에서 혼란스럽게 사용되는 『정치사상 용어 바로알기』를 반드시 필독할 것을 강력히 권한다.

■ 진보-보수 프레임, 북한의 남한 공산화전략이다

2000년대 이후 북한과 종북 좌익세력은 자신들이 퍼뜨린 진보-보수 프레임이 대중의 뇌리에 완벽히 안착하자, 이를 합법적인 남한선거 개입과 정권 장악을 위한 무기로 악용하기 시작했다.

북한 김정일은 2006년과 2007년에 연이어 "진보와 중도를 연합하고 보수세력을 철저히 고립시키는 반보수대연합으로 정권을 장악하라"는 대남 선거 지령을 집요하게 하달했다. 2011년 적발된 왕재산 간첩단의 북한 지령문에도 "민노당을 중심으로 진보대통합을 이루고, 민주당(중도)과 연대하여 (보수정당을 고립시켜라)"는 소름 끼치는 상세한 선거공작 매뉴얼까지 명시되어 있었다. 이 북한의 지령은 그대로 현실로 나타났다. 이 끔찍한 사료들이 증명하는 진실은 명백하다. 진보-보수 프레임은 북한과 종북세력이 대한민국 정권을 합법적으로 탈취하기 위해 사용되는 강력한 무기라는 것이다. 정말로 위험천만한 현실이다.

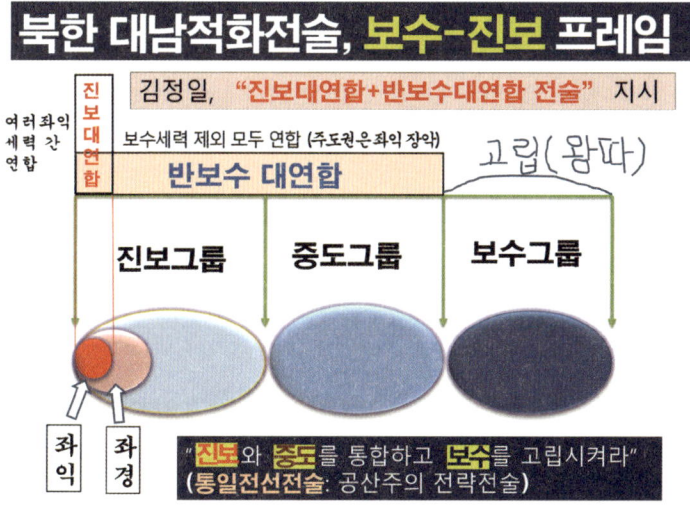

그렇다면 북한이 누누이 남한 종북세력에게 내린 지령 중 진보대연합은 무엇이고 반보수대연합은 무엇인가? ▶진보대연합이란 좌익정당들끼리 먼저 하나로 연합하라는 의미고(1차

통일전선전술), ▶반보수대연합이란 좌익정당들의 연합에 그치지 말고 보수정당만 철저히 배제한 채 중도정당까지 아우르는 거대한 빅텐트를 치라는 의미다.(2차 통일전선전술)

이 소름끼치는 북한의 지령은 그대로 대한민국의 현실로 나타났다. 2012년 진보대연합 전술에 따라 통합진보당이 만들어졌고, 반보수대연합 전술에 따라 거대 야당인 민주당(중도)을 끌어들여 통진당과 야권연대(선거연대)를 결성한 것이다.

■ 진보-보수 프레임, 국민의힘의 분열과 중도론 함정의 원흉

국민의힘이 왜 그 오랫동안 중도론으로 가고 우익세력을 그렇게도 기피했는가 하면, 바로 북한과 좌익세력이 만든 진보-보수 프레임의 해악에 굴복한 때문이다. 그들이 만든 프레임을 박살 내기는커녕 그들이 만든 프레임(진보-중도-보수) 안에서 선거전을 치루자니 중도로 갈 수밖에 없었던 것이다. 대중들이 보수를 기피하기 때문이다. 그런 행태를 30년 간 하다 보니, 당에는 제대로 된 전사가 없는 무이념 정당이 되고 만 것이다.

■ 승리의 빅텐트, '대세 vs 반대세'로 판을 뒤집어라

① 적이 쥐여준 패배의 무기(진보-보수 프레임)를 폐기하라

국민의힘이 이 불리한 전세를 단숨에 역전시키려면, 좌익이 쥐여준 패배의 무기부터 즉각 내다 버려야 한다. 진보-보수 프레임에 갇혀 있는 한, 당내에서 중도론과 보수 강화론이 충돌하는 자중지란은 결코 끝나지 않는다. 적군이 만들어 쓰고 있는 핵심 전략전술(흉기)을 가지고 어떻게 아군을 통합하여 적군을 무찌를 수 있단 말인가?

따라서 우익진영은 북한과 종북세력의 정권 탈취 수단인 '보수-진보'라는 필패의 덫을 당장 폐기해야 한다. 대신 대한민국을 긍정하는 대세(대한민국세력)와 국가를 전복하려는 반대세(반대한민국세력)라는 압도적이고 강력한 대체프레임으로 전선을 완벽하게 재구축해야만 이 체제전쟁에서 최후의 승리를 쟁취할 수 있다.

② 1달 만에 50% 지지율을 이끌어낸 기적의 전법

윤석열 대통령은 비상계엄을 선포할 때 "종북 반국가세력"을 적시함으로써 '반대한민국세력'과 '대한민국세력' 간의 전쟁으로 전선을 명확히 했다. 전쟁에서 피아(적군-아군)를 구분하는, 즉 전선을 명확히 하는 것만큼 중요한 것은 없다. 윤석열 대통령이 '종북 반국가세력'이라는 용어를 통해 '대한민국세력'과 종북 '반대한민국세력'으로 전선을 구분한 것은 그야말로 최고의 전법, 그야말로 신의 한수였다.

그 전선은 자유민주주의 대한민국세력을 하나로 묶고 체제수호를 위해 나서도록 하는 프레임이었기 때문이다. 이로써 내부분열을 막고 공산화를 걱정하는 모든 국민들을 통합시켜 불과 1달 만에 50%에 가까운 지지율을 확보하는 기적을 낳았다. 전국을 순회하며 연설회 한번 개최하지 않았는데도 말이다. 심지어 야당 지지세가 강한 전라도민들조차 40% 이상의 지지율을 보내준 기적의 전술이었다.

③ 청년을 결집시키고 좌익을 공포에 빠뜨리는 필승 무기

이렇듯, 대세-반대세 프레임은 대한민국 긍정세력에게 절대적으로 유리한 필승 무기다. 과거 자신을 진보라 착각했던 60%의 대학생들에게 이 프레임을 제시하자 조금도 머뭇거림 없이 100%가 대한민국세력에 손을 들었다. 이 개념에 가장 환호하는 그룹이 바로 10대 소년과 20~30대 청년들이다. 진보, 보수, 좌파, 우파의 복잡한 뜻은 몰라도, "대한민국을 긍정하느냐, 부정하느냐"로 물으면 0.1초도 머뭇거림 없이 대답이 나온다. "나는 대한민국이 좋아요." 진보 텐트에 가기는 싫고 수구꼴통 이미지의 보수라고 불리기도 찜찜했던 청년들은, "그렇구나! 우리는 자랑스러운 대한민국세력이구나!"라며 억눌렸던 자부심을 폭발시키며 우리의 거대한 빅텐트 안으로 결집한다.

반면, 이 프레임을 마주한 좌익진영은 극도의 혼란과 고통을 느낀다. 서울대 교수인 한 좌익 인사는 저자의 책(『반대세의 비밀』, 2009)에서 대세-반대세 개념을 접하고는 "이 책을 보는 순간 무섭다는 생각이 들었다. (진보라는 자부심으로 살던) 나로 하여금 '내가 대세인가, 반대세인가' 스스로를 규정하게 만드는 책이다"라고 자백했을 정도로 그 역프레임의 파괴력은 엄청나다.

④ 무너진 나라를 다시 세우는 한국판 마가(MAGA)운동

저자는 이 '위대한 대세운동'을 2009년부터 주창해 왔다. 도널드 트럼프 미국 대통령이 일으킨 마가운동(MAGA : '미국을 다시 위대하게') 역시 국가를 중심으로 잃어버린 미국의 사상적 정체성을 강력히 다시 세우는 애국운동이다. 대세운동은 무너진 나라를 다시 세우는 한국판 마가(MAGA) 운동이자, 가장 위대한 국민혁명이다.

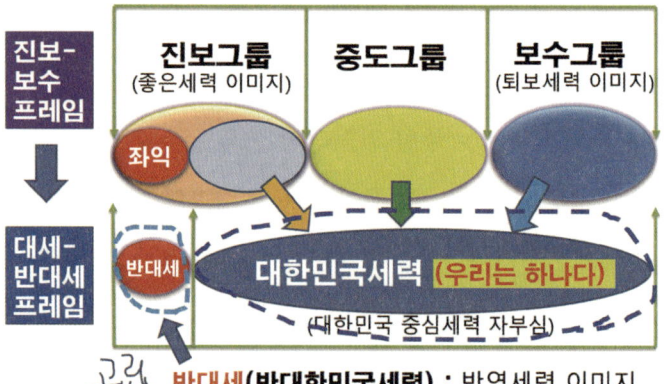

■ 목소리 아닌 두뇌의 싸움, '개념전쟁에서 승리하라'

지난 30년 이상, 치명적인 진보-보수 프레임의 덫으로 인해 대한민국의 정세는 반대한민국세력에게 완전히 기울어지고 말았다. 이 절망적인 전세를 단숨에 뒤집을 궁극의 무기는 무엇일까? 바로 좌익의 실체를 바로 알리는 정치사상 정명(正名) 운동이다. 종북 좌익들이 조작한 거짓 관념을 대중의 귀에 못이 박히도록 수백 번, 수천 번 거듭 폭로하는 것이다. "진보는 공산·사회주의다!", "민주는 인민민주주의(좌익 독재)다!" 실제로 이러한 좌익사상 정명운동은 통합진보당 해산 사태

(진보당=종북 정당)를 거치고, 윤석열 대통령의 계몽령을 겪으며 상당히 힘을 얻고 있다. "진보란 좌익을 말하는 것이구나"라는 각성이 상당히 넓게 전파되고 있다. 그래서 과거 "과감한 진보, 중도론은 허상"을 외쳤던 이재명조차 2025년 대선 정국에서 "우리는 진보가 아니다. 보수이자 중도다"라며 비겁하게 진보 간판을 숨기고 우익-중도 흉내를 내고 있는 것이다. 그야말로 늑대가 양의 탈을 뒤집어 쓴 것이다. 진보라는 붉은 가면과 속임수가 더 이상 국민에게 통하지 않는다는 뼈아픈 현실을 그들 스스로 자백한 셈이다.

좌익이 꼬리를 내리고 도망칠수록 우리는 더욱 치명적으로 쐐기를 박아야 한다. "진보는 공산주의, 사회주의다!" 이 단 하나의 팩트만 5,200만 국민의 뇌리에 완벽하게 장착한다면, 반체제세력의 위세는 단숨에 산산조각 날 것이다.

우리는 뼈저리게 깨달아야 한다. 이 사상전쟁은 단순한 무력전이나 목소리 크기 싸움이 아니다. 반체제세력의 뇌 구조를 해체하고 그 자리에 진실을 심어 넣는 개념전쟁이자 용어전쟁이며, 치밀한 전략전술이 맞붙는 프레임전쟁이다. 체제를 수호하려는 대한민국세력이 목숨을 걸고 치열하게 사상을 공부하고, 이 실전 교범으로 완벽하게 무장해야만 하는 절박하고도 궁극적인 이유가 바로 여기에 있다.

4. 들불처럼 번지는 국민·교회 깨우기 연쇄배포운동

■ 나 혼자 읽고 끝내지 마라. 10권-100권 연쇄배포운동

사상전의 승패는 결국 누가 더 많은 국민의 마음을 빼앗아 우군으로 만드느냐에 달렸다. 이제 우리 모두가 이 책 『기획된 내란』이라는 완벽한 공통의 내비게이션(실전 교범)으로 단단히 무장했으니, 가장 강력하고 현실적인 투쟁 방법은 바로 이 진실의 무기를 이웃에게 널리 퍼뜨리는 국민깨우기 연쇄배포운동이다.

대한민국세력, 국민깨우기운동 방법

○ **종북세력 실상, 공산화 위험성** 등 사실 그대로 전파
○ **간단, 명료, 단순, 명쾌**한 논리로 설명
 - 대중의 공감, 의분 유발
○ **지속 반복** 전파가 핵심

먼저 깨달은 자가 잠자는 이웃을 향해 "불이야!"라고 소리쳐야 한다. 자신이 먼저 책을 읽고 각성했다면, 가족, 친구, 직장 동료, 맘카페 회원들에게 **이 책을 10권, 100권씩 나누어 주며 맹렬하게 진실을 전파하라.**

지난 2024년 말에서 2025년 1월 사이, 2030세대와 호남, 교회가 일시에 깨어나 거리에 나선 기적은 결코 우연이 아니었다. "체제전쟁"이라는 용어와 체제 위기감이 국민들에게 뿌려졌기 때문이다.

사상전 용어, 반탄폭발 가스층 역할

불씨는 윤석열 대통령, **대폭발 파이프라인**은 반탄집회, 유튜브 등

사회 저변에 누적된 **가스층**: 국민깨우기운동과 국민각성 **용어 및 프레임 전파**

과학계의 핵분열 반응처럼, 이 작은 책을 읽은 한 독자가 열 사람을 깨우고 그 열 사람이 백 사람을 깨우는 연쇄 대폭발로 번져나갈 때, 반대세의 내란 음모를 산산조각 낼 거대한 대세(大勢)의 태풍이 5,200만 국민의 가슴을 완벽하게 강타할 것이다!

■ 정교분리 족쇄 끊고, 교회여! 일어나라

앞서 강조했듯, 이 체제전쟁은 진리와 비진리가 맞붙는 거대한 영적전쟁이다. 그럼에도 불구하고 대다수 한국 교회는 "교회는 정치에 개입하면 안 된다"는 잘못된 정교분리 프레임(족쇄)에 갇혀, 국가가 공산화되는 절체절명의 위기 앞에서도 비겁하게 관중석에 숨어 침묵해 왔다.

이제 신앙의 자유와 교회의 생존을 지키기 위해 **교회부터 당장 깨어나 행동해야** 한다. 진리의 빛을 지향하는 교회가 먼저 담대하게 일어설 때, 이 거대한 영적전쟁의 전세는 단숨에 뒤집힐 것이다. 목회자와 성도들은 『이제는 교회가 일어날 때』(36쪽) 등 실전 각성교재를 교회 내에 대량으로 연쇄 배포하고, 이를 제자훈련의 필수 사상교재로 삼아 성도들을 무장시켜야 한다.

교회가 앞장서서 종북 좌익세력의 악마적 실체를 폭로하고 대한민국세력의 행동을 통일하는 강력한 구심점 역할을 수행할 때, 1907년 **평양대부흥운동**과 같은 기적적인 영적·국가적 대각성과 함께 **대부흥운동**이 일어날 수 있다.

■ 위대한 대역전극, '절망을 넘어 희망으로'

우리 국민의 내면에는 6·25전쟁의 참상을 겪으며 뼛속 깊이 새겨진 자유민주주의에 대한 열망과 강력한 반공 정서가 여전히 살아 숨 쉬고 있다. 거짓 가면 속에 숨겨진 종북세력의 섬뜩한 실체와 기획된 내란 음모를 두 눈으로 확인하는 순간, 국민들은 거대한 의분(義憤)을 터뜨리며 일어설 것이다.

두려워하지 마라. 피하지 말고 정면으로 맞서라! 온 국민이 진실의 무기인 이 '실전 교범'으로 단단히 무장하고 잠든 이웃을 깨우는 위대한 체제수호 전사로 나설 때, 80년을 이어온 종북세력의 붉은 망상은 이 땅에서 영원히 궤멸될 것이다. 우리가 대세의 깃발 아래 하나 되어 행동에 나설 때 하나님이 대한민국을 도우실 것이며, 우리는 마침내 완벽하게 승리할 것이다!

 Epilogue

누가 절망을 말하는가.
이제 위대한 대역전극이 시작된다!

지금 우리가 벌이고 있는 이 싸움은, 단순히 여야의 밥그릇을 다투는 정치투쟁이 아니다. 진실과 거짓, 자유와 억압, 빛과 어둠이 맞붙는 거대한 '체제전쟁'이자 '영적 전쟁'이다.

■ 진실의 힘을 믿어라. '위기는 기회다'

저들의 기획된 내란과 국가 마비 사태 앞에서 두려워하거나 절망할 필요는 없다. 대한민국의 자유민주주의는 진실과 정의의 빛이고, 저들의 종북 공산주의 사상은 위선과 거짓으로 점철된 어둠이기 때문이다.

1950년 6·25전쟁 당시, 무자비한 인민재판과 학살을 겪은 남한 국민들은 불과 3개월 만에 철저한 반공 국민으로 각성했다. 2012년 통진당 사태 때도 그들의 붉은 실체가 드러나자 지지율은 두 달 만에 수직 추락했다. 진실을 알게 되면 대중은 무서운 속도로, 폭발적으로 움직인다!

지금 전 세계 또한 트럼프 행정부의 주도하에 공산·전체주의 세력을 궤멸시키는 거대한 '신냉전의 승리'를 향해 나아가고 있다. 이 거대한 세계사적 흐름 속에서, 우리가 먼저 사상적으로 무장하고 피 흘려 싸운다면 북한체제의 붕괴 유도와 국내 종북세력의 일망타진은 반드시 우리의 현실이 될 것이다.

▓ 책을 덮고 무기를 들어라

누가 절망을 말하는가? 나는 절망으로 글을 시작하여 이제 희망으로 마무리하고자 한다. 이제 두려움과 패배주의의 장막을 걷어차라. '누군가 대신 싸워주겠지'라는 방관자적 무임승차 의식을 쓰레기통에 던져버려라!

이 책의 마지막 장을 덮는 순간, 당신은 더 이상 평범한 소시민이나 방관자가 아니다. 대한민국 체제 수호의 최전선에 선 '사상전의 전사'로 거듭나야 한다.

이제 행동하라! 입 있는 자는 이웃에게 진실을 말하고, 손 있는 자는 거리로 나가 소책자와 이 실전 교범을 전파하라. 가정에서, 직장에서, 교회에서, 그리고 당신이 숨 쉬는 동네와 마을에서부터 점조직으로 굳게 연대하라.

이 단일한 내비게이션(마스터플랜)을 무기 삼아 지방 마을의 진지를 완벽하게 탈환하고, 반대한민국세력을 이 땅에서 영원히 고립시켜라! *

'사상적 마약' 해독을 위한
자가진단 체크리스트

**나와 내 가족의 온전한 사상적 해방을 위해,
다음의 7가지항목을
가슴에 손을 얹고 점검해 보십시오.**

[　] ① 절박한 각성
내 안에 스며든 '사상적 마약'의 심각성을 뼈저리게 깨닫고, 이 붉은 사상에서 반드시 탈피하겠다는 '사생결단의 각오'를 세웠는가?

- -

[　] ② 역사관 재정립
대한민국을 폄훼하던 편향된 역사관을 버리고, 이승만·박정희 대통령과 위대한 건국·산업화 역사를 다시 배우며 나의 역사관을 완전히 뜯어고치고 있는가?

- -

[　] ③ 사상적 무장
뇌리에 박힌 반체제 사상을 밀어내기 위해, 그 빈자리를 채울 '자유민주주의 가치관'을 치열하게 학습하고 무장했는가?

[　] ④ 맹독성 직시

공산주의와 주체사상이 단순한 이론이 아니라, 나와 내 자녀의 영혼까지 갉아먹고 대물림되는 '치명적인 사상적 마약'임을 두려움으로 직시하고 있는가?

- -

[　] ⑤ 영적 무장 (신앙)

공산주의의 본질이 인류를 파괴하는 사탄주의임을 깨닫고, 이를 물리칠 확고한 반공적 기독교 등 건강한 신앙관을 수립했는가?

- -

[　] ⑥ 좌익 인맥 단절

마약과도 같은 사상을 주입하고 나를 지배했던 과거의 좌익 인맥(환경)과 철저히 단절하고, 대한민국 체제수호세력과 새로운 굳건한 연대를 맺었는가?

- -

[　] ⑦ 사상교정 치료

세뇌가 남긴 뼈를 깎는 금단현상과 부작용(갈등, 불안, 부적응, 혼란, 분노조절장애, 우울증 등)을 극복하기 위해, 단순 심리상담을 넘어 왜곡된 사상관을 뜯어고치는 '사상교정 치료'를 병행하고 있는가?